Eckard Wolz-Gottwald

Meister Eckhart

Wegweisungen zur Gottesgeburt im Menschen

8. überarbeitete und ergänzte Auflage 2025

Crotona Verlag GmbH & Co.KG
Kammer 11 • 83123 Amerang
www.crotona.de
Kontakt@crotona.de

Umschlaggestaltung: Annette Wagner

Druck: CPI • Birkach

ISBN 978-3-86191-096-1

Eckard Wolz-Gottwald

Meister Eckhart

Wegweisungen
zur Gottesgeburt im Menschen

Crotona

INHALT

Einleitung

»Der Fromme von morgen wird ein ‚Mystiker' sein, einer, der etwas erfahren hat, oder er wird nicht mehr sein …«.[1] Berühmt wurde dieses Zitat des katholischen Theologen Karl Rahner aus den 1960er Jahren. Religion als Übernahme vorgegebener Dogmen gab Rahner keine Zukunft mehr. Religiöser Glaube muss auf eigenem Erfahren gründen. Und diesen Frommen von morgen bezeichnete Rahner als »Mystiker«. Während damals viele dem Begriff Mystik noch skeptisch gegenüberstanden, sah er im Mystiker sogar die Zukunft des Christentums. Allerdings verband Rahner mit Mystik nicht mehr die Welt außergewöhnlicher Erfahrungen weniger Heiliger oder spiritueller Eliten. Karl Rahner war ein Vertreter eines neuen, demokratischen Verständnisses von Mystik. Mystik bedeutete für ihn: Die auf Erfahrung gegründete Religiosität für jeden Menschen.

Wo stehen wir nun heute, über ein halbes Jahrhundert nach dieser visionären Aussage? Die Bedeutung von Mystik als auf Erfahrung gegründete Religion wurde viel diskutiert und erscheint heute in breiten Kreisen nicht mehr als ungewöhnlich.[2] Das Problem blieb und bleibt jedoch, wie spirituelles oder mystisches Erfahren zu realisieren ist. Vielfach wurden Hilfen vor allem bei den spirituellen Übungsformen Asiens gesucht. So öffnete man sich für die den Körper integrierenden Wege des Yoga oder für Meditationsformen der buddhistischen Spiritualität. Auch Übungsformen aus dem daoistischen Kulturkreis, wie etwa das Qigong, konnten wichtige Hilfen geben.[3] Wahre Schätze sind jedoch auch in der christlichen Tradition vergraben, in der christlichen Mystik des Hochmittelalters und in der frühen Neuzeit. In den Blick rücken hier vor allem die Predigten und Traktate des Meister Eckhart aus dem späten 13. und frühen 14. Jahrhundert.

Mit Meister Eckhart begegnen wir einem Meister der christlichen Mystik, der zu den bekanntesten Theologen, Philosophen und spirituellen Lehrern seiner Zeit gehörte. Nachdem jedoch nach seinem Tod Sätze aus seinem Werk als ketzerisch verurteilt wurden, geriet Eckhart über viele Jahrhunderte weitgehend in Vergessenheit. Die Wiederentdeckung dieses wohl bedeutendsten Vertreters der Mystik des Hochmittelalters begann im 19. Jahrhundert und dauert bis heute noch an. Das Potenzial, das in dieser Wiederentdeckung für die Entwicklung einer Spiritualität der Gegenwart liegt, ist dabei bei Weitem noch nicht ausgeschöpft.

Wer war dieser Meister, der uns noch heute so viel zu sagen hat? Als Eckhart um 1260 in Thüringen geboren wurde, hatten sich im damaligen Mitteleuropa zahlreiche Menschen in religiösen Lebensgemeinschaften organisiert, um einem tief geistigen Leben nachzugehen. So trat auch Eckhart schon in jungen Jahren in das in Erfurt neu gegründete Dominikanerkloster ein. Er erhielt dort seine theologische und philosophische Grundausbildung, beendete sie wahrscheinlich an der Ordenshochschule in Köln, um dann von 1293 bis 1294 an der Universität in Paris, der damals wichtigsten und berühmtesten Universität des christlichen Abendlandes, als Lektor tätig zu sein.

Zurück in Erfurt, stieg Eckhart schnell in der Ordenshierarchie auf. 1294 wurde er Prior, das heißt Leiter des Erfurter Heimatklosters und Vikar (Stellvertreter) des Provinzials der Ordensprovinz Teutonia. Zurück in Paris, ernannte man ihn 1302 zum Magister der Theologie. Auf diesen eingedeutschten Magistertitel bezieht sich die heute allgemein übliche Bezeichnung *Meister Eckhart.* Es folgte die Berufung auf den für Nichtfranzosen reservierten Lehrstuhl der Dominikaner, den wenige Jahrzehnte vor Eckhart schon der große Thomas von Aquin innehatte.

1303 in die Heimat zurückgekehrt, wählte man den gelehrten Meister aus Paris zum Provinzial der neu gegründeten Ordenzprovinz Saxonia. Dass Eckhart die seltene Ehre zuteil wurde, ein zweites Mal, im Jahre 1311, auf den Lehrstuhl nach Paris berufen zu werden, macht deutlich, dass man ihn schon früh als einen der führenden Theologen ansah.

Wichtig wurde dann vor allem jedoch sein Straßburger Jahrzehnt ab 1313. Inzwischen über fünfzig Jahre alt, mag Eckhart in Straßburg auch mit der Lehre betraut gewesen sein. Zu seinen Hauptaufgaben gehörte jedoch die Seelsorge in den Frauenklöstern, die damals in großer Zahl neu gegründet wurden. In diesem Zusammenhang, also in der Betreuung von Nonnen, entstanden die bedeutendsten seiner Predigten.

Gegen Ende seines Lebens zog es den Meister im Jahre 1323 dann weiter nach Köln, um auch dort zu predigen. Inzwischen über sechzig Jahre, passierte dann das Unfassbare. 1325 wurde Meister Eckhart, der damals zu den bekanntesten und angesehensten Theologen und spirituellen Lehrern seiner Zeit gehörte, von seinen Ordensbrüdern Hermann de Summo und Wilhelm von Nidecke in Köln beim dortigen Erzbischof Heinrich II. der Ketzerei bezichtigt.[4] Die beiden Ankläger besaßen im Dominikanerorden selbst keinen Rückhalt. Und doch hatte ihr Vorstoß Erfolg. Der Erzbischof leitete gegen Eckhart ein Inquisitionsverfahren wegen Ketzerei ein, wobei auch die mit den Dominikanern rivalisierenden Franziskaner eine Rolle spielten. Dabei ging es für den Meister um sehr viel. Nach damaligem Recht musste ein Schuldspruch wegen Ketzerei mit der Todesstrafe geahndet werden.

Listen von beanstandeten Sätzen aus dem Werk Meister Eckharts wurden erstellt. Eine Stellungnahme Eckharts aus dem Jahre 1326 ist überliefert, in der er sowohl seine Schuld bestritt als auch die Rechtmäßigkeit des Verfahrens anzweifelte, da das erzbischöfliche Gericht für seinen Fall gar nicht zuständig sei. Ein Jahr später wurde das Verfahren in Köln abgebrochen und zur weiteren Klärung an Papst Johannes XXII. überwiesen, der damals nicht in Rom, sondern im südfranzösischen Avignon residierte. Mit zahlreichen Ordensbrüdern reiste Eckhart daraufhin an den päpstlichen Stuhl nach Südfrankreich, wo eine Untersuchungskommission die aus Köln übersandten Akten prüfte und Eckhart auch Gelegenheit zu einer Stellungnahme gab. Jetzt ging es nur noch um ein Lehrbeanstandungsverfahren, in dem geprüft wurde, ob einzelne Aussagen Meister Eckharts der Lehre der Kirche nicht entsprachen und somit als ketzerisch zu verurteilen waren.

Das Ende des gegen ihn geführten Prozesses sollte Meister Eckhart jedoch nicht mehr erleben. Am 30. April 1328 teilte der Papst dem Erzbischof von Köln mit, dass Eckhart verstorben sei, das Verfahren gegen ihn jedoch weitergeführt würde. Am 27. März 1329 verurteilte Papst Johannes XXII. schließlich in der Bulle »In agro dominico« achtundzwanzig Sätze aus Eckharts Schriften teils als häretisch, teils als der Häresie verdächtig.[5] Die Bulle geht davon aus, dass Eckhart vom »Vater der Lügen» und somit vom Teufel verführt worden war, lässt dabei aber die Möglichkeit offen, dass er in gutem Glauben geirrt hätte. Die Bulle verurteilte jedoch nicht nur die einzelnen Sätze, sondern auch alle Werke des Meisters, in welchen diese Sätze zu finden waren, wobei nicht angegeben war, aus welchem Werk welcher Satz stammte. Denjenigen, die es wagen sollten, diese Artikel zu verteidigen oder die ihnen beipflichteten, wurde angedroht, gegen sie wie gegen Ketzer vorzugehen. Wenn man auch gegenwärtig nicht mehr Gefahr läuft, wie im Hochmittelalter und in der frühen Neuzeit, auf dem Scheiterhaufen verbrannt zu werden, und der Meister in vielen theologischen Interpretationen rehabilitiert scheint,[6] so wurde die päpstliche Verurteilung jedoch bis heute noch nicht aufgehoben.

Was hatte Meister Eckhart nun so Umstrittenes gesagt und geschrieben, von dem die Kirche glaubte, es mit solcher Vehemenz bekämpfen zu müssen? Verurteilt wurden Sätze wie »Wer Gott lästert, lobt Gott« oder »... »und je mehr er (der Mensch) schmäht und je schwerer er sündigt, umso kräftiger lobt er Gott.«[7] Selbst der unvoreingenommene Leser wird bei der Lektüre zugeben müssen, dass solche Aussagen keineswegs christlicher Lehre entsprechen können. Soll der gläubige Christ tatsächlich dazu aufgefordert werden, Gott zu lästern und zu sündigen? Hat der Meister solche Sätze denn tatsächlich gesagt oder geschrieben?[8]

Da Eckhart erst im hohen Alter angeklagt wurde, wäre es auch möglich, dass er erst zuletzt, bei eventuell nachlassender Geisteskraft, auf Abwege geraten war. Jedoch findet man Aussagen in ähnlichem Wortlaut schon in den zwischen 1294 und 1298 im Erfurter Kloster entstandenen ›Reden der Unterweisung‹, wo Eckhart schrieb: »Wenn der Mensch tausend Todsünden begangen hätte, und es wäre ein solcher Mensch in rechter Verfassung, so dürfte er nicht wünschen, er hätte sie nicht begangen.«[9] Wenn die verurteilten Sätze manchmal den ursprünglichen Wortlaut wohl auch nur vergröbert wiedergegeben haben,[10] so scheint die Stoßrichtung des Gedankens doch genau die zu sein, wie sie Eckhart von Anfang an intendierte. Die klare Ordnung von bösem und sündigem Handeln auf der einen Seite und dem guten, sich nach den kirchlichen Geboten richtenden Handeln auf der anderen Seite ist verlassen. Meister Eckharts Denken sprengt nicht nur die kirchliche Ordnung von Gut und Böse, von Wahr und Falsch, sondern Eckhart sprengt jede Ordnung, jedes Denken und auch jeden Glauben an heilige Lehren.

Jetzt kann man natürlich darüber streiten, ob es sich bei der Verurteilung um ein einziges Missverständnis handelt und Eckhart eigentlich gar nicht der Irrlehre bezichtigt worden ist[11] oder ob die Bulle den Meister nicht nur verurteilt, sondern sogar denunziert hat.[12] Das grundlegende Problem ist in einer ganz anderen Dimension zu suchen. Von Beginn der ersten Anschuldigungen in Köln bis zum Abschluss des Prozesses in Avignon arbeitete man ausschließlich mit Listen von einzelnen, aus dem Zusammenhang gerissenen Sätzen, die man überdies noch als »Lehrsätze« betrachtete. Als Lehrsätze sollten sie entweder einen falschen oder den wahren christlichen Glauben zum Ausdruck bringen. Handelte es sich aber überhaupt um Lehrsätze, die entweder zu verurteilen sind oder zugelassen werden können?

Meister Eckhart hatte sich zwar immer wieder auch auf die Heilige Schrift oder auf die großen Autoren der theologischen und philosophischen Tradition bezogen, um in dieser Weise theologische oder philosophische Gedanken zu begründen, wenn er jedoch predigte: »Wer Gott lästert, lobt Gott«, so verkündete er keine Lehre und auch keinen Glaubenssatz. Bei den hier genannten verurteilten Sätzen sprach Eckhart als spiritueller Lehrer, der seine Zuhörer oder Leser geistig in Bewegung bringen wollte. Als spiritueller Lehrer war der Meister sogar immer auf der Suche nach neuen Möglichkeiten, bis hin zu Provokationen, die den Geist seiner Schüler mehr reizen konnten als die Glaubenssätze, die jeder kannte. Mit sprachlicher und denkerischer Radikalität trieb Eckhart seine Schüler und Schülerinnen an die Grenzen des für sie Zumutbaren und vielleicht sogar darüber hinaus. Und was konnte seine Zuhörer mehr provozieren als Sätze wie diese, dass derjenige, der Gott lästert, Gott lobe, oder derjenige, der tausend Todsünden begangen hätte, nicht wünschen solle, er hätte sie nicht begangen? Als spiritueller Lehrer benützte Eckhart seine Worte als Sprungschanze des Denkens und Glaubens. Auf dieser Sprungschanze konnte man Anlauf nehmen, um dann von dem Glauben an Lehrsätze loszulassen und sich für den tieferen Sinn im mystischen Erfahren zu öffnen.

Der Hörer oder Leser durfte nicht erwarten, die kühnen und oft auch widersprüchlich klingenden Aussagen des Meisters erfassen zu können. Es reicht nicht aus, ihre Wahrheit zu begreifen oder zu verstehen. Eckhart spricht davon, dass der Mensch der Wahrheit gleichen solle: »Denn solange der Mensch dieser Wahrheit nicht gleicht, solange wird er diese Rede nicht verstehen.«[13] Eckhart war nicht nur Lehrer, sondern auch Wegbegleiter. Er führte seine Schüler und Schülerinnen in die Tiefe ihres spirituellen Lebens, um dort aus der Wahrheit zu leben, der Wahrheit zu gleichen und letztlich die Wahrheit zu sein. Nur derjenige, der zu einem wachen Geist gefunden, der ein Bewusstsein erlangt hatte, welches den Glauben an Lehrsätze überstieg und auf diese Weise eins mit der Wahrheit wurde, konnte den tiefen Wahrheitsgehalt der Philosophie Eckharts ermessen.

Hiermit war jedoch ein Weg beschritten, auf dem der sichere Hafen von wahr und falsch verlassen werden sollte. Lassen sich so aber nicht die abwegigsten Irrlehren rechtfertigen, indem alle Gegenargumente damit zurückgewiesen werden, man gleiche noch nicht der Wahrheit und könne darum gar nicht verstehen, worum es letztendlich gehe? Die grundlegende Problematik des Umgangs sowohl mit den Texten Meister Eckharts als auch mit den Interpretationen seiner Philosophie tritt deutlich hervor. Genauso wie Eckhart für sich in Anspruch nahm, dass nur der, der der Wahrheit »gleicht« und mit ihr eins geworden ist, seine Lehre versteht, kann dies auch der Interpret der Texte des Meisters.

Als extremes Beispiel kann hier die Eckhart-Interpretation des nationalsozialistischen Philosophen Alfred Rosenberg gelten. Es war Rosenberg, der ein Zitat wie oben angeführt seinem zentralen Werk »Der Mythus des 20. Jahrhunderts« voranstellte, in dem er unter anderem auch Eckharts Lehre auslegte.[14] Auf diese Weise konnte Rosenberg im Jahre 1933 Meister Eckhart als einen Vorreiter des nationalsozialistischen Gedankengutes darstellen, der Ehre als höchstes Ziel ansah und die Neugeburt des Germanentums einleitete. Alle Gegner dieser Interpretation blockte er mit dem Hinweis ab, sie würden noch nicht dem einzig wahren germanischen Bewusstsein gleichen, um Eckhart in dieser Weise verstehen zu können. So wurden die Schriften des Meisters, samt nationalsozialistischer Interpretation seiner Philosophie, in den Dreißiger- und Vierzigerjahren des letzten Jahrhunderts in vorher noch nie da gewesener Auflagenhöhe verbreitet und seine Texte missbraucht.

Um Meister Eckhart nicht in die Beliebigkeit abgleiten zu lassen, ist Unterscheidung wichtig. Wichtige Kriterien einer notwendigen Differenzierung haben in der modernen spirituellen Theologie die Benediktiner Anselm Grün, Meinrad Dufner und, in ihrem Gefolge, der Karmelit Michael Plattig deutlich gemacht.[15] Sie zeigen auf, dass es bei der Beurteilung spiritueller Wege gerade nicht um die Unterscheidung im Sinn der Orthodoxie der rechten Lehre gehen kann, die zu einer Spaltung zwischen Glaubenden und Nichtglaubenden oder Rechtgläubigen und

Ketzern führt. Sie führen die »Unterscheidung der Geister« im Sinn der Unterscheidung zwischen »heilsamer« und »schädlicher« Spiritualität ein. Statt zwischen wahr und falsch, machen sie den Vorschlag, zwischen »gesundmachender« und »krankmachender« Spiritualität zu unterscheiden.[16] Krank macht eine Lehre, die ausschließlich auf die Vermeidung von Fehlern und Sünden ausgerichtet ist und dem Menschen ein Ideal aufdrängt, in dem er einer einzig wahren Lehre und Moral entsprechen muss. Nach diesem Ansatz wäre die Verurteilung der Sätze aus den Texten des Meisters als krankmachend zu bezeichnen. Gleiches gilt für den nationalsozialistischen Missbrauch von Eckharts Predigten. Heilsam wird ein spiritueller Weg dagegen immer dann, wenn er in das Geheimnis Gottes und das Geheimnis des Menschen einzuführen weiß. Im Zentrum stehen dann Liebe und Barmherzigkeit, die den Menschen öffnen, um Gottes Geist wirken zu lassen.

Mit klaren Worten zeigen diese drei Vertreter der modernen spirituellen Theologie somit auch die Richtlinien eines fruchtbaren Zugangs zu Meister Eckhart auf. Das große Potenzial der Predigten und Traktate des Meisters liegt nicht in der Klärung der Frage, ob in ihnen wahre oder falsche Lehren verbreitet werden. Das Potenzial in der Beschäftigung mit den Texten Meister Eckhart liegt darin, dass sie das geistige Wachstum fördern, um so nicht nur in das Geheimnis Gottes, sondern auch in die Erfahrung des Geheimnisses des Menschen einzuführen.

Es sind diese Wegweisungen zur Gottesgeburt, die nicht nur für die zahlreichen Menschen hilfreich war, die Meister Eckhart zu seinen Lebzeiten auf ihrem spirituellen Weg begleitete. Wie kaum ein anderer der großen Meister der christlichen Mystik ist es gerade Meister Eckhart, der zur Gesundung heutiger Spiritualität einen wichtigen Beitrag zu leisten vermag.

Nachdem Meister Eckhart durch seine Verurteilung über viele Jahrhunderte nahezu in Vergessenheit geraten war, haben nach seiner Wiederentdeckung im 19. Jahrhundert Generationen von Forschern daran gearbeitet, seine Texte zu publizieren und zu übersetzen. Auf gesicherter Textgrundlage konnte man nun in den letzten Jahrzehnten um eine adäquate Interpretation ringen, was zu einem regelrechten Boom der Eckhart-Literatur geführt hat.

Man weiß heute genau, wann und wo Meister Eckhart zum ersten Mal über die Gottesgeburt im Menschen gepredigt hat, wann dieses Motiv von ihm wieder aufgegriffen wurde und wann eine letzte Radikalisierung stattfand. Die Lehren des Meisters sind inzwischen in einer noch nie dagewesenen Weise aufgearbeitet. Der Schwerpunkt der wissenschaftlichen Eckhart-Forschung in Philosophie, Theologie oder Germanistik konzentrierte sich jedoch meist auf theoretische Fragestellungen. Lange Zeit hatte man sogar geglaubt, dass eine spirituelle Praxis von Meister Eckhart gar nicht gelehrt wurde.

Mit dem Mut jugendlicher Unbekümmertheit wagte der Autor dieses Buches es jedoch, in seinen in den frühen 1980er Jahren durchgeführten Forschungen Meister Eckhart von einem ganz anderen Blickwinkel zu sehen. So konnte festgestellt werden, dass der Meister als spiritueller Lehrer sich in einer Umgebung bewegte, für die spirituelle Praxis vollkommen selbstverständlich war. Es bestand für Eckhart gar nicht die Notwendigkeit, seine Schüler konkrete Übungstechniken zu lehren. Eckhart sah sich mit einer ganz anderen Anforderung konfrontiert. Die Übungen der von ihm betreuten Schwestern waren oft formalistisch, einseitig asketisch orientiert und drohten immer wieder, in Veräußerlichungen abzugleiten. Die Aufgabe Meister Eckharts bestand nun vor allem darin, die Praxis seiner Schülerinnen in die Tiefe zu führen. Aus dieser Perspektive war es dann durchaus möglich, den praktischen Eckhart zu sehen, der mit unnachahmlicher Schärfe und Brillanz die Leitlinien einer inneren Übung erklärte. Im Jahre 1985 erschien schließlich das Eckhart-Buch,[17] das, im Unterschied zur allgemein üblichen wissenschaftlichen Literatur, Eckhart als Meister der spirituellen Praxis aufzeigte.

Seit dieser ersten Eckhart-Interpretation sind nun über dreißig Jahre vergangen. Die Eckhart-Forschung ist in dieser Zeit weiter vorangeschritten; und auch der Autor selbst hatte Gelegenheit, viele der großen Autoren der philosophischen Traditionen in Ost und West zu studieren sowie bei zahlreichen Lehrern der Gegenwart in die Schule zu gehen. Der Blick auf den großen Meister des 14. Jahrhunderts hatte sich verschärft und vertieft. Jetzt erschien es durchaus lohnenswert, im Alter sich noch einmal das eigene Jugendwerk vorzunehmen und es aus gereifter Perspektive weiterzudenken und zu präzisieren. Das Ergebnis dieser Neuinterpretation liegt nun in diesem Buch vor.

Unter den vielen Philosophen, Theologen und spirituellen Meistern, die der Autor studieren konnte, bildet Meister Eckhart noch immer die wichtigste Inspirationsquelle seines gesamten Schaffens. Als Meister der spirituellen Praxis verstand Eckhart es zu Lebzeiten, den Weg der Gottesgeburt im Menschen zu einer lebendigen Erfahrung werden zu lassen. Das vorliegende Buch stellt sich die Aufgabe, diese faszinierenden Wegweisungen Eckharts aus dem mittelalterlichen Denken in die Gegenwart zu holen. Es gilt, Meister Eckhart für die Spiritualität des beginnenden 21. Jahrhunderts fruchtbar werden zu lassen, so dass der Fromme von morgen wirklich die Chance hat, ein ‚Mystiker' zu werden, wie dies Karl Rahner weissagend formulierte.

GRUNDLAGEN

1. Die mystische Bewegung

Meister Eckhart kann zwar als der bedeutendste Philosoph der christlichen Mystik angesehen werden, jedoch keineswegs als ihr einziger Vertreter. Eckhart war Teil einer großen mystischen Bewegung, die im Hochmittelalter zunächst in Latein sprechenden Gelehrtenkreisen begann, um dann in zahlreichen Gebieten in Europa das spirituelle Leben der Klöster und der spirituellen Gemeinschaften zu revolutionieren.

Im deutschsprachigen Raum erlebte die Bewegung ihre Blütezeit vor allem im 13. und 14. Jahrhundert mit ihren zentralen Vertretern Mechthild von Magdeburg, Gertrud von Helfta und natürlich Meister Eckhart, Johannes Tauler und Heinrich Seuse. Die Frauen verfassten ihre Texte in Deutsch. Im Unterschied hierzu schrieb der Gelehrte Meister Eckhart zunächst ganz traditionell in Latein. Als er dann in der Nonnenseelsorge eingesetzt wurde, musste

Eckhart in der Sprache formulieren, die seine weiblichen Zuhörer verstanden – und dies war nicht Latein, sondern die Volkssprache Deutsch.

Jedoch nicht nur in deutschsprachigen Gebieten, sondern auch in Flamen und Italien kamen oft von Frauen getragene, volkssprachliche Bewegungen der Mystik zum Durchbruch. England folgte etwas später. Im 16. Jahrhundert hatte die Bewegung auch Spanien erreicht. Die spanische Mystik brachte mit Theresa von Avila und Johannes vom Kreuz zwei ihrer heute bekanntesten Vertreter hervor.

Bis zu dieser Zeit beschränkte sich die mystische Bewegung ausschließlich auf in sexueller Enthaltsamkeit lebende Orden und geistliche Gemeinschaften. Dies sollte sich im 17. Jahrhundert ändern, als mit dem Quietismus zum ersten Mal mystisches Gedankengut auch in den Gemeinden Fuß fasste. Zum ersten Mal begann sich Mystik zu einer Volksbewegung zu entwickeln. Sogar zahlreiche Mitglieder der kirchlichen Hierarchie, bis hin zu Papst Innozenz XI., begannen sich für die mystische Spiritualität zu öffnen.

Der anfängliche Erfolg sollte jedoch nicht lange anhalten. In einer beispiellosen Kampagne wurden alle Vertreter der Mystik inhaftiert und ihre Bücher verboten. Der Konflikt zwischen der mystischen Bewegung und der kirchlichen Inquisition war schnell entschieden. Die mächtigere Seite hatte gewonnen.[18] Eine große Bewegung kam zu ihrem Ende. Ab diesem Zeitpunkt war mystische

Spiritualität, bis auf wenige Ausnahmen, aus dem Leben aller christlicher Kirchen verschwunden.

Wie hatte jedoch alles begonnen? Wie war es möglich, dass sich der Funke der mystischen Bewegung im Hochmittelalter entzündete, um sich dann als Flamme in der christlichen Welt über viele Jahrhunderte über ganz Europa auszubreiten? Um dies zu verstehen, ist es sinnvoll, bis zum Beginn des Mittelalters ins 5. und 6. Jahrhundert n. Chr. zurückzugehen.

Mitte des ersten Jahrtausends setzte, nach der Zerstörung des Weströmischen Reiches durch die germanischen Stämme, ein kultureller Niedergang in Westeuropa ein, wie ihn das Abendland bisher noch nie gesehen hatte. Rom, die so prächtige Hauptstadt des Reiches, zerfiel und wurde zu einem Schatten ihrer einstigen Größe. In vielen Gebieten brach sogar die Geldwirtschaft zusammen, so dass man zum Tauschhandel zurückkehren musste.

So groß der Niedergang gewesen sein mag, umso gewaltiger erfasste der neue Aufgang zu Beginn des zweiten Jahrtausends alle Bereiche der westlichen Kultur. Man begann Wasser- und Windkraft zu nutzen. Es entstanden Mühlen, Säge- und Hammerwerke. Weite Flächen wurden gerodet und nutzbar gemacht. Kornüberschüsse belebten den Export. Straßen wurden ausgebaut. Der materielle Wohlstand wuchs und gleichzeitig auch der Reichtum und die damit verbundene Macht des weltlichen Adels, aber auch des kirchlichen Klerus.

Unter Papst Innozenz III. (1198-1216) wurde die straffe Organisation der Kirche, mit Rom als Zentrum, ausgebaut. Die Macht des Papsttums erreichte unter ihm ihren Höhepunkt, als er sich auf dem vierten Lateran-Konzil im Jahre 1215 zum »Herrn der Christenheit« ausriefen ließ.

Mit wachsendem Wohlstand der Kirche entstand allerdings auch die Frage, wem die letztgültige Macht zukommen sollte. Das Europa des späten Mittelalters war somit politisch bestimmt vom Machtkampf zwischen dem deutschen Kaiser und dem Papst um die Herrschaft über die damals bekannte Welt. Mehrmals verhängte ein Papst den Kirchenbann über den Kaiser.

In der Bulle »Unam sanctam« betonte Papst Bonifaz VIII. noch einmal die Überlegenheit der geistlichen über die weltliche Macht. Doch auch die große Zeit des Papsttums war bald vorbei. Philipp IV., König von Frankreich, ließ am 7. September 1303 seinen päpstlichen Gegenspieler gefangennehmen und erzwang nach dessen Tod die Wahl eines Franzosen zum Papst, der dann 1309 ins südfranzösische Avignon übersiedelte.

In Glaubensfragen hielt die Kurie jedoch immer einen absoluten Machtanspruch aufrecht. 1215 wurde die Inquisition beschlossen, die dem Klerus ein sicheres Mittel an die Hand gab, alle, die nicht der einzig wahren Lehre folgen wollten, als Ketzer und Häretiker zu verurteilen. Die Methoden der Inquisition begannen sich dabei immer mehr zu radikalisieren. Wurde die Folter bei der Befragung der »Ketzer« 1215 von Papst Innozenz III. noch ausdrücklich verboten, so fand sie ein halbes Jahrhundert später als selbstverständliches Mittel zur »Wahrheitsfindung« regen Gebrauch.[19]

Das christliche Abendland hatte es geschafft. Das Christentum war in der Welt angekommen und hatte doch gerade seine ursprünglichen Wurzeln verloren. Der wachsende materielle Wohlstand und die Etablierung der Kirche als Machtfaktor provozierten gleichsam einen Aufbruch nach innen, die Suche nach einer neuen, authentischen Spiritualität.

Die Gegenbewegung der Rückkehr zu den spirituellen Ursprüngen christlichen Lebens ließ nicht lange auf sich warten. Im 11. und 12. Jahrhundert setzte eine erste Ordensbewegung ein. Vor allem in den neu gegründeten französischen Klöstern der Kartäuser, Augustiner-Chorherren und Zisterzienser entstanden die ersten Formen einer den mystischen Weg fördernden Praxis. Auch die ersten Texte einer mystischen Philosophie, allerdings noch in der lateinischen Gelehrtensprache, gehen auf diese Zeit zurück.

Der große Durchbruch geschah im 13. Jahrhundert. Einfache, ungelehrte Männer, denen auch eine große Anzahl von Frauen folgten, taten sich zusammen, um in Armut und Enthaltsamkeit lebendige christliche Spiritualität zu leben. Heute sprechen wir von der Armutsbewegung, die den eigentlichen Durchbruch der mystischen Bewegung initiierte.

Als erste trat die Laienbewegung der Beginen und Begarden auf, die sich, von Belgien und Flandern ausgehend, über ganz Mitteleuropa ausbreitete. Mitten in den Städten wohnend, widmete man sich in freien Wohn- und Lebensgemeinschaften einem Leben in Gebet und Enthaltsamkeit. Den Lebensunterhalt bestritt man durch Spinnen, Weben oder durch Betteln. Jede größere Stadt in Mitteleuropa hatte zu jener Zeit seine Beginen- oder Begardenhöfe, die sich oft nur durch ein weißes Kreuz auf dem Tor von den anderen Häusern unterschieden.

Bestimmend für die Bewegung wurden jedoch nicht die freien Gemeinschaften, sondern die kirchlich anerkannten Bettelorden. Franziskus von Assisi (ca. 1181-1226) gründete den »Orden der Minderen Brüder« (Franziskaner) und Dominikus (ca. 1170-1221) den »Orden der Prediger« (Dominikaner), aus dem dann auch Meister Eckhart hervorgehen sollte. Viele Beginen traten im Laufe der Zeit diesen Orden bei. Ganze Beginenhöfe ließen sich schon im Laufe des 13. Jahrhunderts in geregelte Orden umwandeln oder in lockerer Form an sie angliedern.

In der Verpflichtung auf ein Leben in Armut wollten die Bettelorden auf persönlichen wie auch gemeinschaftlichen Besitz verzichten. Es ging darum, sich nicht durch den Ertrag der eigenen Güter zu finanzieren, sondern durch das tägliche Betteln. Sich vom überbordenden Reichtum des weltlichen Lebens der Kirche absetzend, suchte man den Rückzug in die Armut, den Rückzug nach innen. Das Ideal dieser Bewegung lag jedoch darin, dass dieser Rückzug nach innen nicht, wie in den traditionellen Klöstern der Benediktiner, an abgelegenen Orten gesucht wurde. Die Gemeinschaften zogen sich nicht in die Einsamkeit zurück, sondern lebten in den Städten und Dörfern oder zumindest in ihrer Nähe. Die Armut war mitten in der Gesellschaft zu leben.

Diese Armutsbewegung des Hochmittelalters, die den Rückzug aus der Welt nicht als Weltflucht verstand, sondern mitten in der Welt leben wollte, bildete den Rahmen des mystischen Weges, wie ihn Meister Eckhart aufzeigte. Dabei scheint die Bewegung Ausmaße angenommen zu haben, wie sie heute kaum vorstellbar sind. Der englische Chronist Matthäus Paris schätzte für das Jahr 1243 die Zahl der Dominikanerinnen-Klöster in Straßburg auf 7, die der Beginenhäuser auf 85. Für Köln nannte er 169 Beginenhäuser. Er nahm an, dass insgesamt eine Million Beginen zu dieser Zeit in Deutschland gelebt haben,[20] was bei einer Einwohnerzahl zwischen acht und vierzehn Millionen eine immens große Zahl bedeutet.[21]

Straßburg und Köln, die wichtigsten Wirkungsorte Meister Eckharts, können hierbei als besondere Zentren angesehen werden. Getragen von der Armutsbewegung, entfaltete der Meister hier eine Welt-Mystik, die durch ihr Verbot zwar lange Zeit vergessen war, sich aber durch ihre Wiederentdeckung zu einer der wichtigsten Inspirationsquellen moderner Spiritualität entwickelte.

2. Die Geschichte der Eckhart-Rezeption

Die Verurteilung einzelner Sätze aus dem Werk Meister Eckharts durch Papst Johannes XXII. im Jahre 1328 entwickelte sich schnell zu dem zentralen Wendepunkt in der Rezeption seines Werkes. Die beiden Dominikaner Heinrich Stirnimann und Ruedi Imbach schrieben, dass Eckhart, der zu den bedeutendsten Theologen zu zählen ist, die der Dominikanerorden je hervorgebracht hat, in der Geschichtsschreibung des Ordens gleichsam »ausradiert« wurde.[22] Die Dominikaner Heinrich Seuse und Johannes Tauler nahmen nach dem Tod Eckharts viele Gedanken des Meisters in ihren Predigten und Schriften auf, ohne jedoch den Namen ihres Lehrers zu erwähnen. Auch außerhalb des Ordens ging man mit den Texten Meister Eckharts sehr vorsichtig um.[23] Seine Werke wurden zwar weiterhin im deutschen Sprachraum verbreitet. Man übersetzte sogar manche lateinische Texte ins Deutsche. So gut wie nie wurde jedoch auch hier Eckhart als Autor genannt.

Eine große Ausnahme bildet im 15. Jahrhundert Nikolaus von Kues, für den Meister Eckhart eine der wichtigsten Inspirationsquellen seiner Theologie wurde. Ganz offiziell ließ er eine umfangreiche Abschrift von ihm damals zugänglichen Texten Meister Eckharts anfertigen und verbreiten.

Auch im einfachen Volk lebte das Andenken Eckharts weiter. Weit verbreitet findet man die kleinen Geschichten der so genannten »Eckhart-Legenden«, die als Erzählung oder auch in Gesprächsform überliefert wurden. Immer wird Eckhart als weiser Lehrer dargestellt, der seine Schüler mit großer Kompetenz auf ihrem spirituellen Weg zu begleiten vermag. So zieht sich ein schmaler Rezeptionsstrang über die Jahrhunderte hinweg bis in die Neuzeit.

Eine Wiederentdeckung in größerem Ausmaße erfolgte dann erst im frühen 19. Jahrhundert bei den Philosophen des deutschen Idealismus und der Romantik. Die erste Entdeckung dürfte Franz von Baader gemacht haben,[24] der wiederum Georg Wilhelm Friedrich Hegel auf Eckhart aufmerksam machte. Hegel war daraufhin von Eckhart so begeistert, dass er ausgerufen haben soll: »Da haben wir ja, was wir wollen!«[25] Auch Arthur Schopenhauer fand bei Eckhart »wundervoll tiefe und richtige Erkenntniß«.[26] Dass Eckhart vom Papst verurteilt wurde, wirkte sich in diesen Kreisen der deutschsprachigen Philosophie nicht negativ aus, sondern steigerte sogar seine Popularität. Eckhart galt als Vorreiter aufgeklärten Denkens, der es wagte, sich sowohl der scholastischen Schultheologie als auch der Kirchenhierarchie zu widersetzen.

Das große Problem bestand vor allem darin, dass bis in die Mitte des 19. Jahrhunderts hinein nur eine sehr begrenzte Anzahl von Texten des Meisters zugänglich war. Um wirklich verstehen zu können, was Meister Eckhart meinte und was er wollte, mussten erst seine Schriften in Buchform veröffentlicht werden. Zunächst publizierte der Schweizer Germanist Franz Pfeiffer im Jahre 1857 eine größere Anzahl von Predigten und Traktate Eckharts. Da er dies jedoch ohne Übersetzung im mittelhochdeutschen Original tat, blieb die Kenntnis des Meisters weiterhin auf einen kleinen Kreis von Gelehrten beschränkt.[27]

Etwas später entdeckte der Dominikaner Heinrich Denifle bisher unbekannte lateinische Werke Meister Eckharts, aus welchen er 1886 Auszüge zusammen mit einer Interpretation veröffentlichte.[28] Sein Urteil fiel jedoch vernichtend aus. Denifle bezeichnete Eckhart als »unklaren Denker« und sah ihn als einen schlechten Scholastiker.[29] Abweichungen von der Regel waren für Denifle keine Originalität, sondern Mangel. Denifle widersprach damit allen anderen begeisterten Eckhart-Interpretationen der damaligen Zeit. Genau gegenteilig zu Hegel oder Schopenhauer schrieb der katholische Dominikaner: »Wem bei diesen Sätzen nicht krankhaftes Denken auffällt, der hat selbst nie gesund gedacht.«[30] Aus Sicht Denifles war die kirchliche Verurteilung Eckharts völlig zu Recht erfolgt. Durch seine große Kenntnis der scholastischen Theologie und Philosophie, die er allen anderen Interpreten absprach, konnte Denifle seine Meinung so überzeugend vertreten, dass er weite Teile der Eckhart-Forschung zum Erliegen brachte.

Während man sich im kirchlichen Bereich nach Denifle lange Zeit nicht mehr mit Meister Eckhart beschäftigen konnte, erlangte der Meister zu Beginn des 20. Jahrhunderts in der antikirchlichen und antikatholischen Szene wieder an Bedeutung, insbesondere nach der Veröffentlichung einer zweibändigen Übersetzung mittelhochdeutscher Texte in modernes Deutsch durch Hermann Büttner.[31] Büttner übersetzte allerdings äußerst frei und ließ immer wieder eigene Gedanken einfließen.

So stellte Büttner Eckhart in seiner Einleitung als Führer des modernen Menschen dar, der die Abnabelung von der Kirche fordert. Eine wahrhaft germanische Religion der Zukunft müsse sich gegen das Kirchentum wenden. Nicht durch, sondern gegen die Priesterschaft könne der Mensch selbst Christus werden.[32] Die Interpretation Büttners erzielte eine außergewöhnliche Breitenwirkung, so dass im Laufe der folgenden Jahrzehnte immer wieder Neuauflagen seiner Ausgabe erscheinen mussten. Die Vereinnahmung Eckharts durch den aufkommenden Nationalismus in Deutschland war eingeleitet. Es war dann Alfred Rosenberg, der, wie in der Einleitung dieses Buches schon erwähnt, den germanisch-nationalistischen

Ansatz Büttners konsequent weiterführte und mit großer Verbreitung Eckhart zum größten »Apostel des nordischen Abendlandes«[33] machte.

Neben diesen nationalistischen Abwegen übte Eckhart aber auch auf zahlreiche seriöse Denker des 20. Jahrhunderts eine nicht unerhebliche Anziehung aus. Der Psychologe Carl Gustav Jung interpretierte die Gottesgeburt im Menschen in seinem Sinne als psychischen Vorgang und sah Meister Eckhart als den größten Denker seiner Epoche.[34] Während Jungs Eckhart-Interpretation wenig bekannt wurde, gelang in seinem Gefolge weit später Erich Fromm mit dem auf Eckhart basierenden Buch »Haben oder Sein« ein wahrer Bestseller.[35]

Auch in der Philosophie wurde Meister Eckhart gelesen und geschätzt. So schrieb Martin Heidegger in einem Brief an Karl Jaspers, dass er den »Lese- und Lebemeister Eckehart«, der ihn seit seinen philosophischen Anfängen begleite, sogar zu den »zentralen Wurzeln seines Denkens« zähle.[36] Auch Ernst Bloch faszinierte, wie Eckhart als Vertreter der katholischen Kirche das »Überspringen der Sakramentskirche und dann jeder Obrigkeit« realisieren konnte.[37]

Während im außerkirchlichen Bereich Meister Eckhart so immer größere Anerkennung erlangte, wurde bei den der Kirche nahestehenden Theologen und Philosophen immer noch um die Rechtgläubigkeit des Meisters gestritten. Nachdem der Benediktiner Augustinus Daniels Eckharts sogenannte »Rechtfertigungsschrift« entdeckte und auch publizierte,[38] benutzten Otto Karrer und in seinem Gefolge Herma Piesch und Alois Dempf den Text, um Meister Eckhart als guten Katholiken darzustellen.[39] Auf der anderen Seite entdeckte und publizierte auch Martin Grabmann neu aufgefundene Texte Meister Eckharts. Er hielt jedoch an der abwertenden Haltung Denifles fest.[40] Konrad Weiß, der sich in die Diskussion einschaltete, bestritt, dass diese Frage eindeutig zu lösen sei.[41]

Nicht nur Philosophen, Psychologen und Theologen beschäftigten sich mit Meister Eckhart. Die Texte des Meisters aus dem 14. Jahrhundert boten sich auch als idealer Anknüpfungspunkt für Orientalisten, Religionswissenschaftler und all die anderen an, die sich mit den spirituellen Wegen der asiatischen Religionen auseinandersetzten.

Schon zu Beginn des 20. Jahrhunderts hatte der österreichische Orientalist Moriz Winternitz die Verbindung Meister Eckharts mit der Mystik Asiens gesehen.[42] Der deutsche Indologe Herman Oldenberg schrieb, dass Sätze des Meister Eckhart auch in den Upanishaden stehen könnten.[43] Der Religionswissenschaftler Rudolf Otto führte sogar einen umfassenden Ost-West-Vergleich durch, in dem er Eckhart dem hinduistischen Philosophen Shankara gegenüberstellte.[44] Seitdem spielte Meister Eckhart in Vergleichen zwischen asiatischen und christlichen Denkern eine immer größere Rolle, und auch asiatische Philosophen begannen, Eckhart zu entdecken. Ananda K. Coomeraswamy bezeichnete Eckhart dann sogar als »Upanishad of Europe«.[45]

In der zweiten Hälfte des 20. Jahrhunderts entstand das Bedürfnis, und dies von Jahrzehnt zu Jahrzehnt in verstärktem Maße, mögliche Verbindungen und Zusammenhänge zwischen asiatischer und christlicher Mystik tiefgreifender zu erforschen. D.T. Suzuki, Heinrich Dumoulin, Karl Graf Dürckheim, Hugo M.Enomiya-Lassalle oder Shizuteru Ueda erarbeiteten die Bezugspunkte zum Zen-Buddhismus.[46] Auch der Autor dieser Studie beteiligte sich mit seinem Vergleich zwischen Meister Eckhart und den klassischen Upanishaden an diesen Ost-West-Dialogen mit Meister Eckhart als dem christlichen Bezugspunkt.[47]

Ganz besondere Bedeutung ist jedoch einem anderen Projekt beizumessen, das den Zugang zu Meister Eckhart auf ein neues Fundament stellen sollte. In einer Zeit, als die Diskussion um Eckhart noch von nationalistischen Parolen und dem Streit um seine Rechtgläubigkeit gekennzeichnet war, gründete die Deutsche Forschungsgemeinschaft eine Eckhart-Kommission, die sich nichts Geringeres zum Ziel setzte, als alle von Meister Eckhart verfassten Texte in einer kritischen Edition des Gesamtwerks herauszugeben. Das Projekt startete 1936 unter der Leitung von Josef Quint, der für die deutschen Werke federführend zuständig war. Josef Koch übernahm die Verantwortung für die lateinischen Werke.

Da viele Texte wegen der Verurteilung Eckharts anonym überliefert wurden, waren schwierige Echtheitsfragen zu klären. Jahr für Jahr erschien Lieferung auf Lieferung. Ein Band nach dem anderen wurde fertiggestellt. Als Josef Quint nach jahrzehntelangem Schaffen 1976 starb, übernahm Georg Steer sein Lebenswerk und konnte 2016 nach achtzig Jahren die Edition erfolgreich abschließen. Bei den lateinischen Werken gingen zahlreiche Spezialisten ans Werk; und auch hier sind inzwischen sämtliche der geplanten Bände fast vollständig erschienen.

Das Projekt erhielt ganz besonderen Rückenwind, als nach dem 700. Geburtstag des Meisters im Jahre 1960, im Aufwind der ansteigenden Bedeutung der Mystik, auch das Interesse an Eckhart zunahm. Von Jahr zu Jahr wuchs die Anzahl der Publikationen zu Meister Eckhart. Inzwischen kann festgestellt werden, dass viele Fragen zur Philosophie und Theologie Eckharts geklärt sind. Es geht nicht mehr darum, Eckhart zu verteidigen oder zu verdammen, denn auch vonseiten der Theologie aller Konfessionen scheint der Meister inzwischen breite Anerkennung gefunden zu haben.

Nun konnten in der Forschung ganz neue Fragen gestellt werden. So wendeten sich die Bochumer Philosophiehistoriker Kurt Flasch und Burkard Mojsisch in ihrem radikalhistorischen Ansatz grundsätzlich gegen die Konstruktion der »einen« Lehre des Meisters. Sie forderten nicht nur die Einbettung von Eckharts Denken in seinen geschichtlichen Kontext, sondern auch die Differenzierung verschiedener Denkansätze innerhalb seiner im Laufe von vierzig Jahren geschriebenen Werke.[48]

Mit jeder Lieferung zur kritischen Ausgabe der Werke Meister Eckharts konnten sich die Forscher auch auf umfassenderes Material stützen, um in dieser Weise wissenschaftlich differenziert an Meister Eckharts Texte heranzugehen. Nun wurde heftig diskutiert, wann Meister Eckhart welche Predigt und welches Konzept entwickelt hatte. So ging man zunächst davon aus, dass Eckhart ausschließlich in seiner Straßburger Zeit über die Gottesgeburt predigte, bis der Germanist Georg Steer zeigte, dass verschiedene Predigten über die Gottesgeburt aus der frühen Erfurter Zeit bis 1305 stammten.[49] Vannier stellte dann fest, dass Eckhart in Erfurt nur im Rahmen des liturgischen Weihnachtszyklus in allgemein gehaltenen Reflexionen über die Gottesgeburt in der Seele predigte, jedoch erst in Straßburg, also ab 1313, ganz konkret und praktisch wurde.[50] Hieran konnte dann Witte anschließen, der die Entfaltung der Lehre von der Gottesgeburt in der Kölner Zeit ab 1323 verortete, wobei er die »dogmatische Gestalt«, vielleicht sogar ihre »Denkbarkeit« aufgehoben sah.[51]

Der historischen Aufarbeitung der Texte Meister Eckharts sind somit große Verdienste für die wissenschaftliche Aufarbeitung seiner Lehren zuzuerkennen. Für eine ganze Reihe von Autoren aus allen Disziplinen der Eckhart-Forschung reicht dies jedoch nicht aus. Mit dem wissenschaftlichen Zugang ist zwar vieles erkannt. Das Entscheidende wurde jedoch noch nicht in den Blick genommen.

Wenn der Germanist Alois Maria Haas paradox formuliert: »Anders als in der Weg- und Weiselosigkeit gibt es keinen Weg zu Gott«,[52] spricht er sich keineswegs gegen die Forschung aus. Haas macht deutlich, dass die methodisch nachvollziehbaren Wege wissenschaftlichen Arbeitens weiterzuführen sind; und auch der Theologe Dietmar Mieth formuliert in diesem Sinne: »Ohne Denken keine Wahrheit, aber auch ohne entsprechende Lebenspraxis kein Denken der Wahrheit.«[53] In gleicher Weise sieht der Religionsphilosoph Bernhard Welte bei Meister Eckhart theoretisches Denken als Grundlage, über die sich der erst im konkreten »Lebensvollzug« erweisende »mystische Gedanke« erhebt.[54]

Nicht alles, was Meister Eckhart in seinen Texten zum Ausdruck bringt, lässt sich mit den Methoden wissenschaftlichen Arbeitens erfassen. Viele Bereiche seines Werkes können eher als Wegweisung für eine spirituelle Praxis charakterisiert werden, deren Sinn erst durch einen konkret vom Hörer wie auch vom Leser mitzuvollziehenden Lebensweg einsehbar wird. Meister Eckhart sprengt hiermit das heute allgemein übliche Verständnis von Philosophie und Theologie und letztlich auch das von Mystik.

3. Philosophie, Theologie oder Mystik?

In seinem in den 1950er Jahren publizierten Buch »Der Satz vom Grund« zitiert Martin Heidegger den wohl bekanntesten Vers von Angelus Silesius, der einen zentralen Gedanken Meister Eckharts treffend auf den Punkt bringt:

> Die Ros ist ohn‘ warum,
> sie blühet, weil sie blühet.
> Sie acht‘t nicht ihrer selbst,
> fragt nicht, ob man sie siehet.[55]

Fast verwundert, fügt Heidegger seiner Interpretation des mystischen »ohne Warum« dann hinzu:

»Der ganze Spruch ist so erstaunlich klar und knapp gebaut, dass man auf den Gedanken kommen möchte, zur echten und großen Mystik gehöre die äußerste Schärfe und Tiefe des Denkens. Dies ist denn auch die Wahrheit. Meister Eckehart bezeugt sie.«[56]

Martin Heidegger formulierte diese Worte zu einer Zeit, als er selbst als »Schwarzwälder Mystiker» verhöhnt wurde, dessen Philosophie wie »eine Art mystisches Schaumgebäck« wirke.[57] Als Mystiker bezeichnet zu werden, musste also nicht notwendig als Kompliment aufgefasst werden. Gegen diese allgemein vorherrschende Meinung, Mystik sei irrational oder zumindest überrational, sieht sich der Philosoph mit der Erkenntnis konfrontiert, dass Mystik und Denken sich nicht notwendig widersprechen müssen, und zwar dann, wenn die Mystik echt und groß ist und das Denken scharf und in die Tiefe führend; dass dies möglich sei, hierfür sieht Heidegger gerade Meister Eckhart als Zeugen.

Wenn drei Jahrzehnte später Kurt Flasch und Burkhard Mojsisch den Versuch unternahmen, Meister Eckhart »aus dem mystischen Strom zu retten«,[58] so ging es ihnen keinesfalls nur darum, Eckhart vom Vorwurf irrationaler Schwärmerei freizusprechen. Auch das vielfach vorzufindende Verständnis von Mystik im Sinn von außergewöhnlichen religiösen Erlebnissen oder Visionen sahen sie bei Eckhart nicht als gegeben.

Der Blick in die Schriften Eckharts zeigt allerdings, dass ihm Erlebnisse der Ekstase, die er als »Verzückung« oder »Jubilus« bezeichnete, durchaus bekannt waren. Sie bildeten für ihn jedoch keine Ziele, die es anzustreben galt. Ganz im Gegenteil: Viel zitiert wurde Eckharts Rat, man solle »von solchem Jubilus ablassen», um vielmehr

»durch die Liebe zu handeln«.[59] Somit ist Flasch und Mojsisch durchaus bei ihrer Einschätzung beizupflichten, dass Eckhart keineswegs in die Reihe von Mystikern einzureihen ist, für die Visionen und Verzückungen im Mittelpunkt stehen.

So schrieb Eckhart auch über sich selbst in seinem Kommentar zum Johannes-Evangelium:

»Wie in allen seinen Werken hat der Verfasser … die Absicht, die Lehren des heiligen christlichen Glaubens und der Schrift beider Testamente mithilfe der natürlichen Gründe der Philosophen auszulegen.«[60]

Die Tätigkeit der Auslegung der Schriften der Bibel kommt im Allgemeinen einem Theologen zu. Eckhart schreibt, dass es ihm darum geht, den christlichen Glauben mit den natürlichen Gründen der Philosophen zu begründen. In dieser Weise sah sich Meister Eckhart auch als Philosoph. Mit seiner Begründung der Heiligen Schrift mit den natürlichen Gründen der Philosophen ist jedoch keineswegs schon alles benannt, was Eckhart in seinen Texten zu bieten hat.

Die Frage, ob es bei Eckhart um Philosophie, Theologie oder um Mystik geht, wird jeweilig verschieden beantwortet werden, je nach dem was man unter Philosophie, Theologie oder Mystik verstehen mag. Der Begriff Mystik wurde lange Zeit im Sinn irrationaler Schwärmerei gebraucht. Diese abwertende Verwendung von Mystik ist besonders in den letzten Jahren immer mehr zurückgegangen. Insbesondere dann, wenn man nicht nur von

»Mystik«, sondern auch vom »Mystiker« spricht, haftet diesen Begriffen bis heute nicht selten noch die Aura von außergewöhnlichen Erlebnissen und Visionen an. Wie gezeigt, wollte Eckhart jedoch weit mehr, als seine Schüler zu solchen Verzückungen führen.

Aber auch das allgemeine Verständnis von Theologie oder Philosophie als Wissenschaften des rationalen Begründens trifft auf das Werk Meister Eckharts nur zum Teil zu. Mit Sicherheit begründete Eckhart, wie er es in seinen eigenen Worten bezeugt, die Lehren des christlichen Glaubens mithilfe der natürlichen Gründe der Philosophen. Aber Eckhart wollte darüber hinaus viel mehr.

Rationale Auslegung der Heiligen Schrift und die Öffnung des Menschen für ein über allem rationalen Begreifen liegendes Leben bildeten für Meister Eckhart keinen Widerspruch. Das Denken der Philosophie auf der einen und das alles Denken sprengende Erfahren der Mystik auf der anderen Seite müssen sich nicht wechselseitig ausschließen. Schon Martin Heidegger stellte erstaunt fest, dass zur echten und großen Mystik gerade die äußerste Schärfe und Tiefe des Denkens gehören kann. Hierfür berief er Meister Eckhart als Zeugen. Notwendig ist jedoch zu differenzieren und zwischen dem allgemeinen Verständnis von Philosophie, Theologie und Mystik und ihrem echten und großen Verständnis zu unterscheiden.

Hilfreich ist es, sich zu vergegenwärtigen, dass Eckhart zwischen zwei Ebenen der Sprache, des Denkens und auch des Verstehens unterschied, wenn er erklärte:

»Alles, was wir hier (auf Erden) hören können, und alles, was man uns zu sagen vermag, das hat alles einen weiteren verborgenen Sinn in sich. Denn alles, was wir hier verstehen, das ist alles dem, was es in sich selbst ist, und dem, was es in Gott ist, so ungleich, als wenn es gar nicht wäre.«[61]

Eckhart differenziert zwischen zwei Sinnebenen der Sprache und des Denkens. Auf der ersten Sinnebene finden wir das natürliche Sprechen, Denken und Verstehen, das das »gesamte menschliche Wissen« ausmacht.[62] Auf dieser ersten Sinnebene verstehen wir den Menschen, Gott und die Welt. Philosophie im Sinn des Entwurfs von Theorien und Denkmodellen, die uns den Menschen, die Welt oder auch Gott erklären, wären dieser ersten Sinnebene zuzuordnen. Gleiches gilt für eine Theologie, die mit den natürlichen Gründen der Philosophen die Heilige Schrift auslegt. Dabei beurteilt Eckhart diese erste Sinnebene des allgemeinen Verständnisses von Philosophie und Theologie durchaus nicht negativ. Ganz im Gegenteil. Immer wieder zeigt sich Meister Eckhart als rational argumentierender Philosoph und Theologe.

Diese erste Sinnebene ist wichtig, bringt jedoch das Entscheidende noch nicht in den Blick. In den Worten des Sprechens und Denkens kann noch ein zweiter, verborgener Sinn aufbrechen, das »übernatürliche Wissen«.[63] Erst auf der zweiten Sinnebene, die, wie Eckhart sagt, so vollkommen anders ist, jenseits jedes Begreifens und jeder Rationalität, leuchtet der »eigentliche Sinn des Buchstabens« auf.[64] Wie ist es jedoch möglich, den verborgenen Sinn der Worte und der Theorien zu gewinnen? Wie ist es möglich, in die Tiefe der Philosophie, Theologie und der Mystik durchzubrechen?

Nach einem Bild Meister Eckharts, das der Meister nach eigenen Worten immer wieder seinen Zuhörerinnen darlegte, können Sprache, Denken und natürliches Verstehen wie eine Halt und Struktur gebende Schale vorgestellt werden. Um zum Fruchtkern des eigentlichen Sinns durchzudringen, ist diese Schale zu zerbrechen:

»Ich habe schon öfter gesagt: Die Schale muss zerbrechen und das, was darin ist, muss herauskommen, denn willst du den Kern haben, so muss die Schale zerbrechen. Und demnach: Willst du die Natur unverhüllt finden, so müssen die Gleichnisse alle zerbrechen, und je weiter man eindringt, umso näher ist man dem Sein. Wenn die Seele das Eine findet, in dem alles eins ist, da verharrt sie in diesem Einen.«[65]

Die Schale muss zerbrechen, damit das aufbrechen kann, was sie beschützt und zusammenhält. Das Zerbrechen verändert und transformiert nicht nur die Worte und das Denken, sondern auch das Sein und Leben des Menschen. Worte dienen dann nicht mehr dazu, die Wahrheit zu begreifen, sondern werden zur Wegweisung für ein wahrhaftiges Leben. Theoretische Wahrheit wandelt sich zur gelebten Wahrhaftigkeit. Die Schale zerbricht in einer Umwandlung des Menschen, durch die der Mensch Wahrheit nicht nur versteht und damit »hat«, sondern Wahrheit

»ist«, so dass er Wahrheit wahrhaftig »lebt« und mit ihr »eins« wird.

Es geht nicht darum, den natürlichen Sinn der Worte zu begreifen, sondern ihren tieferen Sinn zu verwirklichen und so eins mit ihm zu werden. Wer den tieferen Sinn des Wortes Gott versteht, der lebt Gott. Es geht dann nicht nur darum, über die Geburt Gottes in der Person des Jesus von Nazareth in Bethlehem nachzudenken, sondern sich für die Geburt Gottes in der Tiefe der eigenen Existenz zu öffnen.

Philosophie, Theologie und auch Mystik erlangen hier einen neuen Sinn. Philosophie geht es nun nicht mehr darum, die Welt zu erklären. Theologie will nicht mehr nur die Wahrheit der Heiligen Schrift auslegen. Die Mystik zielt nicht mehr auf die Förderung außergewöhnlicher religiöser Erfahrungen. Im Zentrum steht der Weg in die Tiefe des Lebens, die Wegweisung für einen Lebensweg, in dem Gott in der Tiefe des menschlichen Seins geboren wird. Im Zentrum steht jetzt nicht mehr die Lehre, sondern die Wegweisung. In diesem tieferen Sinne finden wir in Eckharts Texten tatsächlich, um die Worte Martin Heideggers zu benutzen, echte und große Mystik, die gleichzeitig aber auch als echte und große Philosophie und Theologie bezeichnet werden kann.

WEGWEISUNGEN

1. Der Anspruch des Meisters an seine Schüler

Immer dann, wenn es Meister Eckhart nicht mehr nur darum geht, die christliche Lehre darzulegen und zu begründen, sondern den mystischen Lebensweg zu weisen, wandelt sich auch sein Sprechen. Jedoch nicht nur die Sprache verändert sich, sondern auch der Anspruch an seine Schüler. Jetzt geht es nicht mehr darum, Bibelstellen, Dogmen oder Gebote zu verstehen oder zu begründen. Wie eine Schale geben Lehrsätze und Handlungsregeln Struktur, Halt und Sicherheit. Um zum tieferen Sinn vorzudringen, muss die Schale des natürlichen Sprechens und Denkens zerbrechen.

Und damit nicht genug. Meister Eckhart fordert seine Schüler auf, dass sie alles lassen sollen, was sie haben, und dies bis zum Letzten, wenn er dazu auffordert: »Entäußere dich dessen, was von einem Menschen an dir ist.«[66] Ein Mensch, der in diesem Sinne alles lässt, ist dann nicht nur von allen Dingen der Welt abgeschieden. Er ist, nach Eckharts Worten, »Abgeschiedenheit«; und vollkommene Abgeschiedenheit ist »Nichts«.[67] Mit aller Radikalität fordert der Meister: »Man soll bis auf den Grund tot sein.«[68] Auf der Sinnebene des natürlichen Denkens mag dies nach der Aufforderung zum Selbstmord klingen. Der innere Sinn meint jedoch keinesfalls einen leiblichen, sondern den geistlichen Tod. Der geistige Tod wird nicht am Ende des Lebens mit dem Ableben des Körpers gestorben. Die Erfahrung des Todes bis auf den Grund geschieht mitten im Leben im Hier und Jetzt.

Was hier konkret gemeint sein kann, wird vor allem in der berühmten »Armutspredigt« deutlich. Aber auch hier gilt das Gleiche wie bei allen im Sinn der Wegweisung gesprochenen Predigten. Mit der Armut ist keinesfalls der Mangel an Geld und Wohlstand gemeint. Der tiefere Sinn von Armut meint etwas vollkommen anderes: »... das ist ein armer Mensch, der nichts will und nichts weiß und nichts hat.«[69] Eckhart formuliert mit einer radikalen Schärfe, die seinen Zuhörern den sicheren Boden von allem, was sie bisher für gut und wahr gehalten hatten, unter den Füßen weggezogen haben dürfte. Der arme Mensch darf weder von seinem Leben in Gott wissen[70] noch darf er eine Stätte haben, worin Gott wirken kann.[71] Eckhart negiert alles, was mit Worten zu fassen wäre, mit absoluter Konsequenz. Nichts lässt er dem armen Menschen übrig, woran er sich halten könnte. Alles muss er »abscheiden«.

Das Zerbrechen der Schale des natürlichen Denkens und Glaubens will jedoch nicht Zerstörung, sondern Öffnung. Das Zerbrechen der Schale führt zum Freilegen des tieferen Sinns der Worte. So formuliert Meister Eckhart: »Und je mehr wir dem Unsrigen entwerden, um so wahrhafter werden wir in diesem (göttlichen Willen).«[72] Dieser tiefere Sinn leuchtet dann auf, wenn der Schüler »in Gott allein überbildet« wird[73] oder »dass man wieder eingebildet werden soll in das einfaltige Gut, das Gott ist«.[74] Wenn die Schale zerbricht, zerbricht nicht nur das natürliche Denken. Es geht um das Entwerden des natürlichen Menschseins, das dann jedoch ein Überbilden und ein Einbilden in Gott eröffnet.

Zerbricht die Schale des natürlichen Denkens, kann der tiefere Sinn auch der Rede von der Erniedrigung des Menschen aufbrechen:

»... nicht (aber), als ob dies Erniedrigen eines sei und das Erhöhen ein anderes. Vielmehr liegt die höchste Höhe der Erhöhung (gerade) im tiefsten Grunde der Verdemütigung.«[75]

Bei Erniedrigung und Erhöhung handelt es sich um Begriffe, die im natürlichen Denken das genaue Gegenteil aussagen. Im tieferen Sinn geht es dann nicht um die Erniedrigung des Menschen in dieser Welt, der dann als Belohnung irdischer Mühen die Erhöhung nach dem leiblichen Tod im Jenseits folgen würde. Meister Eckhart will die Schale des natürlichen Denkens zerbrechen und spricht von der Einheit von Erniedrigung und Erhöhung.

Der tiefere Sinn dieser Worte weist auf ein Erfahren im Hier und Jetzt, in dem Erniedrigung und Erhöhung eins sind.

Wie Erniedrigung gleichzeitig auch Erhöhung bedeuten kann, macht Meister Eckhart dann an dem Bild vom menschlichen Auge und der Farbe deutlich. Das Auge, so erklärt er, erkenne nur durch seine eigene Farblosigkeit die Farbe. Hätte es selbst Farbe, so könnte es keine andere Farbe mehr erkennen. In seiner Farblosigkeit hat es Freude an der Farbe und hätte sie so im wahrsten Sinn.[76] Erst wenn ihre Schale zerbricht, wird es möglich, das Innere einer Frucht genießen zu können. Erst in der Demut des an seiner eigenen Größe festhaltenden Menschen kann Gott unmittelbar wirken, so dass er im gleichen Augenblick die Kraft der Erhöhung erfährt. Alle Modelle verweisen auf den immer gleichen Anspruch des Meisters an seine Schüler: Erst indem der Mensch von allem natürlichen Denken und Glauben loslässt, erst dann kann sich das eröffnen, worauf Eckhart in seinen Predigten weist. Erst durch seine Nichtung erkennt der Mensch Gott in seinem ursprünglichen Sinn. Mehr noch, er ist dadurch Gott. In seiner Nichtung geschieht die »Gleichheit … mit dem Einen«[77] und der Mensch ist »eins mit Gott«.[78]

2. Das Eine

Die »unio mystica«, die »mystische Einung«, gilt heute immer wieder als Sinnbild der mystischen Erfahrung des Christentums. Interessanterweise ist die Rede von einer Einung in den biblischen Texten, sowohl des Alten wie auch des Neuen Testamentes, nicht zu finden. Die »unio mystica« geht vielmehr auf die mystische Bewegung des Neuplatonismus zurück.[79] Der Neuplatonismus entstand im 2. Jahrhundert n. Chr. zunächst außerhalb des Christentums und fand im 6. Jahrhundert dann auch schon sein Ende. Neuplatonische Mystiker wie Plotin oder Proklos beeinflussten jedoch zum Teil nicht unwesentlich die sich in dieser Zeit entwickelnde christliche Theologie. Mit dem christlichen Neuplatoniker Pseudo-Dionysius Areopagita fand die philosophische Mystik des Neuplatonismus im 6. Jahrhundert sogar unmittelbar Eingang in das Christentum. Es war Pseudo-Dionysius Areopagita, der heute nicht zu Unrecht als ein Vater der christlichen Mystik bezeichnet werden kann. Vor allem seine Schrift mit dem Titel »De mystica theologia«[80] avancierte im Hochmittelalter zum Grundtext der philosophischen Mystik schlechthin. So bildete die neuplatonische Mystik auch für Meister Eckhart eine wichtige Inspirationsquelle und mit ihr die Rede von dem »Einen« als Perspektive des mystischen Weges.

Die Einung von Mensch und Gott

Meister Eckhart formuliert mit großer Klarheit »Gott und ich, wir sind eins« und wird damals wie heute manche religiösen Geister vor den Kopf gestoßen haben. In der jüdisch-christlichen Tradition ist es durchaus üblich, von der »Liebe des Menschen zu Gott« zu sprechen, von der »Gottesbegegnung«, von der »Gottesfreundschaft« oder von einer »innigen Beziehung«, die der Mensch zu Gott erlangen kann. Wenn Eckhart sagt, dass Gott und er eins sind, so kann eine solche Aussage schnell den Verdacht nach sich ziehen, dass sich hier ein Mensch vergottet und so zu Gott erheben will.[81]

Aus der Perspektive des neuplatonisch beeinflussten Christentums war die Rede von dem letzten Einen und in diesem Sinn auch von der Einung zwischen Mensch und Gott nicht ungewöhnlich. Nie wäre man auf den Gedanken gekommen, dass sich hier der Mensch zu Gott erheben wolle. Eckhart war sich jedoch bewusst, dass solches Sprechen aus dem biblischen Glauben heraus als provozierend, zumindest als ungewohnt empfunden werden musste. Da der Meister aber als Freund der Provokation und des Ungewohnten galt, bildete die neuplatonische Mystik für ihn ein wichtiges Mittel, seine christlichen Zuhörer und Zuhörerinnen in geistige Bewegung bringen zu können.

Alle Provokationen sollten jedoch nur die Schale des natürlichen Denkens brüchig werden lassen, um dann mit Erklärungen den tieferen Sinn des Gesagten zu erhellen. Ein solches Erklärungsmodell der Einung von Mensch und Gott lieferte Eckhart die Vorstellung von der Analogie zwischen Mensch und Gott, wie er sie von seinem Ordensbruder Thomas von Aquin kannte. Thomas gebrauchte die Analogie jedoch noch als Mittel, um die Ähnlichkeit zwischen Gott und Mensch aufzuzeigen. Eckhart will mit seinen Ausführungen den tieferen Sinn der Einung erklären. Mensch und Gott sind eins, gleichzeitig jedoch in ihrem Wesen verschieden.

In der zweiten Vorlesung über Jesus Sirach beschreibt der Meister das analoge Verhältnis von menschlichem und göttlichem Sein. Mensch und Gott sind eins im analogen Sinn. Sie sind eins als verschiedene »Seinsweisen eines und desselben Dinges schlechthin«.[82] Was hiermit gemeint ist, wird im Folgenden am Beispiel der Analogie der gesunden Speisen und einem gesunden Harn auf der einen und der Gesundheit eines Menschen auf der anderen Seite erläutert. Dieselbe Gesundheit ist in der Gesundheit des Menschen wie in der Gesundheit von Speise oder im Harn. Jedoch im Letzteren sei von der Gesundheit als Gesundheit eigentlich genauso viel wie in einem Stein, nämlich gar nichts. Die Speise und der Harn hießen nur deswegen gesund, weil sie die Gesundheit des Menschen fördern oder anzeigen.[83]

Genauso stünde es mit dem Verhältnis des göttlichen zum menschlichen Sein. Der Mensch hätte von sich aus kein göttliches Sein. An anderer Stelle spricht Eckhart sogar vom Menschen als einem »reines Nichts«[84]. All sein göttliches Sein bekommt der Mensch ausschließlich von Gott. Göttliches Sein ist dem Menschen nur geborgt.

Dies verdeutlicht Eckhart im »Buch der göttlichen Tröstung« am Beispiel des Sonnenlichts in der Luft: Wie das Licht der Luft, im Gegensatz zur Wärme, nur geliehen sei und nach Sonnenuntergang völlig verschwinde, so sei auch das göttliche Sein dem Menschen nur geliehen. Würde sich Gott von ihm abwenden, müsste der Mensch zu nichts zerfallen.[85]

Es gibt nur einen Gott. Dieser ist göttliches Sein. Da er in seiner Absolutheit nichts außer sich haben kann, lässt sich auch sagen, dass alles Sein göttlich sein muss.[86] Alles Sein ist göttliches, absolutes Sein. Wenn der Mensch von allem Endlichen ablässt, das eigentlich kein Sein hat, und in völliger Abgeschiedenheit zu einem reinen Nichts alles Endlichen wird, erst dann ist er reines göttliches Sein, der eine und einzige Gott.

So bleibt es folglich in letzter Konsequenz auch unmöglich, von Gott und Mensch als von zwei Polen zu sprechen, denn es gibt für Eckhart nur das »Eine«, welches allerdings in der Analogie in verschiedenen Hinsichten gesehen werden kann. Wenn Eckhart von dem Einen als Perspektive des mystischen Weges spricht, bezieht sich diese Einung jedoch nicht nur auf Mensch und Gott. Letztlich ist die Einung von Mensch, Gott und Welt in den Blick zu nehmen.

Die Einung von Mensch, Gott und Welt

Plakativ formuliert Meister Eckhart: »Die Seele ist alle Dinge.«[87] Soll der Mensch in der Welt aufgehen, sich mit der Welt identifizieren? Eine solche Interpretation würde all dem bisher Gesagten widersprechen. Auch hier ist es wichtig, zwischen zwei Sinnebenen der verwendeten Begriffe zu differenzieren. Wenn Eckhart von Seele spricht, meint er nicht den natürlichen Menschen. Auch die Dinge bedeuten nicht die materiellen Körper in Raum und Zeit. Der tiefere Sinn der Worte kommt erst durch den Weg in den Blick, den konkret zu vollziehenden Weg eines geistigen Wandels, in dem der Mensch eine neue Haltung und mit ihr einen neuen Blick auf die Welt gewinnt.

In diesem Sinn erklärt der Meister: »Wer die Dinge lässt, wie sie Zufall sind, der besitzt sie dort, wo sie reines Sein und ewig sind.«[88] Der tiefere Sinn der Einheit von Seele und Dingen kommt erst durch einen Loslösungsprozess in den Blick. Mit Seele meint Eckhart somit den gelassenen Menschen. Ihm wird es möglich, die Dinge in ihrer göttlichen Ewigkeit zu sehen. Aus dieser Perspektive wird die ursprüngliche Einung zwischen Seele und Dingen, zwischen Mensch und Welt bewusst.

Wieder geht es Eckhart um einen Weg, auf dem nach und nach die Bewusstheit für die innere Einung von Mensch, Gott und Welt aufbricht:

»Alle Kreaturen schmecken als Kreaturen (nur) meinem äußeren Menschen, wie Wein und Brot und Fleisch. Meinem inneren Menschen aber schmeckt nichts als Kreatur, sondern als Gabe Gottes. Mein innerster Mensch aber schmeckt sie (auch) nicht als Gabe Gottes, sondern als ewig.«[89]

Je nach dem Grad der Verinnerlichung des Menschen, erscheint ihm die Welt als mehr oder weniger göttlich. Aber muss die Seele, oder wie Eckhart hier sie nennt, der innerste Mensch, dann zwei Welten sehen, eine zeitliche und eine ewige? Mit gewohnter Radikalität wendet sich Eckhart gegen dieses Missverständnis: »Und als er alle Dinge als Nichts sah, da sah er Gott.«[90] Die Welt der getrennten Körper, wie sie dem äußeren, natürlichen Menschen erscheint, spielt nicht nur keine Rolle mehr; alle Trennungen verschwinden und werden zu Nichts. In der ursprünglichen Einung tritt dem innersten Menschen die Ewigkeit Gottes entgegen.

Eckhart zeigt einen Weg auf, durch den deutlich wird, dass es letztlich nur ein »esse«, ein »Sein« gibt. Das Verhältnis dieser beiden Seinsarten bestimmt sich so, dass das wahre Sein alles Sein beinhaltet; und dieses eine Sein wird nicht in der Vielheit, sondern in der Einung erfahren. Der Meister macht deutlich, dass eine noch so umfangreiche Vergrößerung der Vielheit der Welt diesem ureinen Göttlichen nichts hinzufügen könnte[91], und fährt dann fort: »Aber indem wir dies sagen, heben wir das Sein der Dinge nicht auf und zerstören auch nicht das Sein der Dinge, sondern stellen es erst auf festen Boden.«[92] Erst wenn der Mensch nicht mehr an der Vielheit der Dinge hängt, wenn die Vielheit ihm zu einem Nichts wird, erst dann kommt ihm das in den Blick, was wirklich ist. Durch die Nichtung der Welt wird das Sein der Welt bewusst, genauso wie durch die Nichtung des äußeren Menschseins das wahre Sein des Menschen zum Durchbruch kommt. Die Welt wird in die Einung zwischen Gott und Mensch mit hineingenommen. Oder anders ausgedrückt: Die Einung von Mensch und Gott und von Mensch und Welt ist nicht verschieden, sondern eins.

Der natürliche Glaube geht davon aus, dass der Mensch bis zu seinem körperlichen Ableben in dieser zeitlichen Welt lebt, um dann hoffen zu können, nach dem Tode in die Ewigkeit Gottes eingehen zu können. Wenn Meister Eckhart nun von der Erfahrung der Einung von Mensch, Gott und Welt spricht, scheint er das, was der allgemeine Glaube für das Leben nach dem Tode erhofft, schon jetzt in den Blick zu nehmen. Die Ewigkeit wird im Jetzt erfahren – oder wie der Meister in seinen eigenen Worten formuliert: »Die Ewigkeit ist ein unteilbares stehendes Jetzt.«[93]

Eckhart spricht von Ewigkeit und Jetzt, die im natürlichen Denken das jeweilige Gegenteil bedeuten. *Ewigkeit* meint unendliche Zeit, ohne Anfang und Ende. *Jetzt* bedeutet den flüchtigen Moment, wie er aus der Zukunft kommt und ohne Anzuhalten schon wieder in der Vergangenheit verschwunden ist. Die Erfahrung der Einung bringt die beiden Gegensätze von Ewigkeit und Zeit zu einer Einheit. Die Ewigkeit wird nicht nach dem Tode, sondern Jetzt erfahren. Dieses Jetzt ist jedoch nicht der flüchtige Moment, sondern, die Schale des natürlichen Denkens zerbrechend, das »nunc stans», das »stehende Jetzt«.

In einer deutschen Predigt übersetzt Eckhart die Erfahrung der Ewigkeit im Jetzt als »Nun«:

»Nehme ich aber das Nun, so begreift das alle Zeit in sich. Das Nun, in dem Gott die Welt erschuf, das ist in dieser Zeit so nahe wie das Nun, in dem ich jetzt spreche, und der jüngste Tag ist diesem Nun so nahe wie der Tag, der gestern war.«[94]

Wiederum wird deutlich, dass Meister Eckhart mit der Einung keineswegs einen abstrakten Gedanken entwirft, sondern auf ein konkretes Erfahren weist. Dieses Erfahren geschieht im Nun, genau dann, wenn der Augenblick nicht mehr als flüchtiger Moment erfahren wird, das Denken aber auch nicht mehr auf die Vergangenheit ausgerichtet ist und auch nicht mehr auf die Zukunft. Die Einung geschieht im Jetzt, in dem sich der Mensch mit sich selbst, mit Gott und mit der Welt als eins erfährt.

Wie Eckhart das Modell der Analogie benutzt, um den tieferen Sinn der Einung von Mensch und Gott zu erklären, so sind in seinen Texten auch für die Einung von Mensch, Gott und Welt Erklärungsmodelle überliefert, die das deutlich machen, worauf der von ihm gewiesene Weg weist.

Weit bekannt wurde Eckharts Bild von der Morgen- und Abenderkenntnis, das auf Augustinus zurückgeht. Der Meister erklärt hier wie folgt:

»Wenn der Engel sich dem Erkennen der Kreaturen zukehrte, so würde es Nacht. Sankt Augustinus sagt: Wenn die Engel die Kreaturen ohne Gott erkennen, so ist das ein Abendlicht; wenn sie aber die Kreaturen in Gott erkennen, so ist das ein Morgenlicht. Erkennen sie (wiederum) Gott, wie er rein in sich selbst Sein ist, so ist das der lichte Mittag.«[95]

Was Augustinus für die Erkenntnis der Engel aussagt, das überträgt Eckhart auf den Menschen. Weiterhin fügt Eckhart zum Morgen- und Abendlicht, nur diese beiden gehen auf Augustinus zurück, noch die Nacht und den Mittag hinzu. Beide Erkenntnisarten werden radikalisiert. Morgen- und Abendlicht reichen dem Meister nicht aus. Eckhart will die völlige Nichtigkeit der endlichen Erkenntnis der Dinge (Nacht) gegenüber der Überfülle ihrer ewigen Erkenntnis (Mittag) aufzeigen. Der endliche Mensch ist gleichsam blind, während der ewige Mensch Gott in seinem vollen Glanz in der Welt erkennt.

Ein zweites Erklärungsmodell geht ursprünglich auf Aristoteles zurück: »Was man erkennen soll, muss man in seiner Ursache erkennen.«[96] Diesen aristotelischen Gedanken übertrug man im Mittelalter von der Philosophie auf die Theologie. Für den natürlichen Glauben ist Gott der Schöpfer der Welt und somit ihre Ursache. So stellte man sich in der christlichen Philosophie des Mittelalters die Ursache der Welt als göttlichen Bauplan vor, in dem die Gedanken oder Ideen (*rationes*) Gottes dargelegt sind, nach denen Gott die Welt erschaffen hat. Als Gedanken Gottes war somit die Welt schon von Ewigkeit in Gott vorhanden. Vor diesem Hintergrund kann Eckhart das Erkennen der Göttlichkeit der Welt mit dem Erkennen der Dinge als Gedanken Gottes beschreiben.[97]

Wenn es jedoch um die Einung zwischen Mensch, Gott und Welt geht, so ist dieses Modell für Eckhart zwar hilfreich, es muss jedoch ebenfalls erweitert werden, »... denn mein wesentliches Sein ist oberhalb von Gott, sofern wir Gott als Ursprung der Kreaturen fassen ...«.[98] Jeder Ursprung ist nur die Ursache für das, was aus ihm folgt. Er impliziert somit neben sich noch das Folgende und deshalb Zweiheit. Eckhart geht es jedoch um das »Eine«. Das Intendierte muss also jenseits des Ursprungs liegen und kann wiederum nur in einem Widerspruch ausgedrückt werden: »... das Wort, der Logos oder die Idee der Dinge ist so in ihnen, und (zwar) ganz in den Einzelnen, dass sie trotzdem ganz außerhalb jedes Einzelnen ist, ganz drinnen, ganz draußen.«[99] Die einzelnen Dinge gehen nicht in der Allgemeinheit des göttlichen Gedankens auf, in der Idee als ihrer göttlichen Ursache. Eckhart wendet den traditionellen Gedanken somit letztendlich in sein genaues Gegenteil. Die Idee ist in jedem Einzelnen zu finden, das Ding wird absolut. Da das Absolute jedoch nicht begrenzt sein kann, muss das Einzelne, beziehungsweise die Idee in dem Einzelnen, die Begrenztheit des Dinges übersteigen.

Die Einung zerstört folglich die Vielheit nicht, sondern steigert sie: »… je vollkommener und einfacher ein Ding im Sein ist, desto mannigfaltiger ist es hinsichtlich seiner Gesichtspunkte und Kräfte.«[100] Der in der Einung erkennende Mensch wendet sich von der Welt als solcher nicht ab. Er löst sich nur von der Weltsicht, in der er die Dinge voneinander getrennt sieht. Umso mehr es der Mensch versteht, von seinem Festhalten an den einzelnen Dingen loszulassen, desto empfänglicher wird er für sie, desto offener steht er in der Welt. Diese Offenheit wird gesteigert bis zur Ununterschiedenheit des Menschen mit jedem Ding, die aber gleichzeitig eine in neuer Weise differenzierende Unterschiedenheit meint:

»… wie er (Gott) selbst ununterschieden in seiner Natur und trotzdem schlechthin von allen Dingen unterschieden ist, so ist in ihm alles zugleich in größter Unterschiedenheit und ununterschieden ... Wie also Gott von einem Löwen ununterschieden und (zugleich) schlechthin unterschieden ist, so ist auch der Mensch in Gott vom Löwen ununterschieden und (zugleich) schlechthin unterschieden.«[101]

Der Gedanke wird hin und her gewendet. Die einzelnen Worte widersprechen sich in laufenden Paradoxien. Sie widersprechen sich jedoch nur im natürlichen begreifenden, festhaltenden Denken. Diese Schale des natürlichen Denkens muss zerbrechen, damit die Perspektive des tieferen Sinns der Worte aufleuchten kann. Erst wenn der ursprüngliche Sinn der Gedanken bewusst ist, erst dann wird deutlich, dass die Einung in Gott nicht den Tod der Unterschiedenheit bedeutet, sondern sie im Gegenteil in höchster Weise (*distinctissimus*) steigert, genauso wie diese Unterschiedenheit nicht die Einung ausschließt, sondern sie erst ermöglicht.

Das dritte Modell von der Frucht in der Blüte geht schließlich auf Eckhart selbst zurück. Wer jedoch hofft, mit diesem gegenständlichen Bild nun endlich etwas Greifbares an die Hand bekommen zu können, der wird erneut enttäuscht. In seiner ersten Vorlesung über Jesus Sirach formuliert Meister Eckhart:

»,... denn das Beste und das Ganze ist im Teil, die Frucht in der Blüte. So ist Gott ganz in jedem Geschöpf, in einem wie in allen.«[102]

Wieder drückt das Bild einen Widerspruch aus. Die Blüte, die doch erst am Beginn eines Wachstumsprozesses steht, soll schon seine Vollendung sein. Der Teil ist trotz seiner Teilhaftigkeit nicht geringer als das Ganze. Der Teil als Teil ist das Ganze.

Was Eckhart hiermit meint, wird durch die Erläuterung an anderer Stelle deutlich: Gott »muss in seiner Ganzheit unmittelbar dem einzelnen Ding gegenwärtig sein, das heißt nicht einem Teil nach dem anderen, auch nicht einem Teil durch den anderen«.[103] Das Einzelne wird nicht mehr, indem ein anderes Einzelnes oder alle anderen Einzelnen hinzukommen. Das Einzelne ist unmittelbar als das von allem anderen unterschiedene Einzelne das Ganze und Absolute. Dies verhält sich genauso, wie wenn die Blüte, die doch nur einen Teil in einem langen Wachstumsprozess darstellt, schon die Frucht, die Vollendung, wäre.

Ob Eckhart mit dem Bild von der Frucht in der Blüte ein eigenes Modell entwirft, ob er sich mit dem Gedanken vom Morgen- und Abendlicht auf Augustinus oder von der Ursache der Welt auf Aristoteles stützt, alle Erklärungen denken in paradoxen Gedankenwendungen und öffnen so gerade den Blick für den tieferen Sinn des Einen – und selbst dieses Eine bildet nur zeitweise eine scheinbar letzte Perspektive seiner Wegweisung.

Über das Eine hinaus

Ganz im Sinne der neuplatonischen Mystik wird Meister Eckhart nicht müde, immer wieder auf den tieferen Sinn des Einen zu weisen. So ringt er um die Formulierungen, wenn er predigt, dass dieses »Eine« weder »eingeschlossen«, »vereinigt«[104], noch »geeint« meint, sondern einfach »eins« ist.[105] Eckhart kann jedoch gleichfalls an die neuplatonischen Autoren Plotin, Proklos und vor allem an

Pseudo-Dionysius anknüpfen, wenn ihm dieses Eine nicht ausreicht. Beim Einen handelt es sich noch um eine bejahende, das heißt eine positiv setzende und damit festhaltende Formulierung. Die Schale dieses begreifenden Denkens gilt es jedoch zu zerbrechen. Ein Ausweg bildet hier das Arbeiten mit Verneinungen, wie sie Eckhart in der »Negativen Theologie« der Neuplatoniker vorfindet. In diesem Sinne kann der Meister mit der positiven Aussage, dass alles »eins« ist, nicht zufrieden sein:[106]

»Was eins ist, bei dem ist alles andere abgelegt; aber doch ist dasselbe, das da abgelegt ist, zugelegt, damit, dass es Anderheit setzt. Wenn er (Gott) nun weder Gutheit noch Sein noch Wahrheit noch Eins ist, was ist er dann? Er ist gar nichts, er ist weder dies noch das.«

Eckhart sucht nach Worten, um das auszudrücken, was Gott als der Eine im tieferen Sinn meint, und wird in immer abstraktere Bereiche getrieben, bis er so beim »Nichts« anlangt. Und selbst dieses »Nichts« ist auch nicht das, womit die Einheit Gottes bestimmt werden könnte. »Nichts« als Bestimmung Gottes seitens des natürlichen Denkens ist wieder viel zu wenig. »Nichts« will nur besagen, dass Gott über alles Fassbare des natürlichen Denkens hinaus zu verstehen ist.

Somit ist Gott nicht erkennbar: »… Gott ist überseiend und über alles Lob und unbegreifbar und unerkennbar.«[107] Hier haben wir eine Aussage über Gott, wenn auch eine negative. Somit ist Gott wieder in den Bereich des Greifbaren gerückt. Die Folge und letzte Konsequenz, wenn man dem tieferen Sinn von Gott wirklich gerecht werden wollte, wäre das vollkommene Schweigen. So ist bei Meister Eckhart zu lesen: »Darum bedeutet es viel mehr, über Gott zu schweigen, als zu reden.«[108] Aber auch Schweigen ist in seinem tieferen Sinn zu verstehen. Schweigen bedeutet nicht weniger als Reden. Im Gegenteil, Schweigen meint mehr.[109] Gott wird in einer solchen Größe erfahren, dass positive Begriffe, die etwas aussagen, nicht mehr ausreichen, um diese Erfahrung zu beschreiben, genauso wie er mit verneinenden, negativen Begriffen auch nicht zu erfassen ist.

Die Verneinungen der Negativen Theologie verneinen das Festhalten an der Schale des natürlichen Denkens. Dieses natürliche Denken soll zum Schweigen kommen, um dann in ursprünglicher Weise, aus der Erfahrung der Einung heraus, sprechen zu können:

»Wer diese Predigt verstanden hat, dem vergönne ich sie wohl. Wäre hier niemand gewesen, ich hätte sie diesem Opferstocke predigen müssen.«[110]

Nur der hat wirklich etwas zu sagen, der aus den Tiefen der Einungserfahrung heraus spricht. Für ihn ist es nicht nur möglich, dass das Schweigen im Sprechen zum Ausdruck kommt, sondern es zeigt sich sogar als notwendig.

Mit der Rede vom Einen knüpft Meister Eckhart an die neuplatonische Mystik an und entfaltet so eine Einungsmystik in allen ihren möglichen Facetten im christlichen Kontext. Eine neue, bisher noch nicht da gewesene Dimension der mystischen Wegweisung wird jedoch erreicht, wenn Meister Eckhart den auf den biblischen Glauben gründenden Gedanken der Gottesgeburt im Menschen darlegt.

3. Die Gottesgeburt

Mit dem Glauben an die Geburt Gottes in der Person des Jesus von Nazareth stoßen wir in den Kernbereich der christlichen Religion vor. In diesem Glauben an die Gottesgeburt zu Beginn unserer Zeitrechnung in Bethlehem erhoffen sich die Christen das ewige Leben nach dem leiblichen Tode am Ende aller Zeiten. Natürlich steht auch für Meister Eckhart als gläubigem Christen die Geburt Gottes in Bethlehem im Zentrum seines Glaubenslebens. Aber auch hier ging es ihm darum, die Schale dieser natürlichen Glaubensvorstellung zu zerbrechen, um den tieferen Sinn dieses Glaubens aufleuchten zu lassen. In einem tieferen Sinn gilt dann:

»Gott wirkt allzeit in einem Nun in der Ewigkeit, und sein Wirken besteht darin, seinen Sohn zu gebären; den gebiert er allzeit.«[111]

Gott wurde nach christlichem Glauben in Bethlehem geboren. Im tieferen Sinn geschieht die Gottesgeburt jedoch in jedem Nun in der Ewigkeit; und für dieses Nun in der Ewigkeit kann sich der Mensch im Hier und Jetzt öffnen. Im Unterschied zur eher statisch denkenden neuplatonischen Einung (*unio*) gelingt es Eckhart mit der christlichen Rede von der Gottesgeburt, das ursprüngliche Leben der mystischen Einungserfahrung zu formulieren. Die Gottesgeburt im Menschen weist auf die lebendige Einung zwischen Mensch und Gott hin.

Die lebendige Einung zwischen Mensch und Gott

Um das zu verdeutlichen, was Eckhart mit der Gottesgeburt im Menschen meint, muss er zunächst einmal mit all seiner Formulierungskraft Anlauf nehmen:

»Ich habe bisweilen gesagt, es sei eine Kraft im Geiste, die sei allein frei. Bisweilen habe ich gesagt, es sei eine Hut des Geistes; bisweilen habe ich gesagt, es sei ein Licht des Geistes; bisweilen habe ich gesagt, es sei ein Fünklein. Nun aber sage ich: Es ist weder dies noch das; trotzdem ist es ein Etwas, das ist erhabener über dies und das als der Himmel über die Erde. Darum benenne ich es nun auf eine edlere Weise, als ich es je benannte, und doch spottet es sowohl solcher Edelkeit wie der Weise und ist darüber erhaben. Es ist von allen Namen frei und aller Formen bloß, ganz ledig und frei, wie Gott ledig und frei ist in sich selbst. Es ist so völlig eins und einfaltig, wie Gott eins und einfaltig ist, so dass man mit keinerlei Weise da hinein zu lugen vermag.«[112]

Eckhart will mit großer Energie darauf aufmerksam machen, dass es im Menschen etwas gibt, das er schon oft mit Namen benannt hat und dem er doch so nie gerecht wurde, denn dieses »Etwas« ist mit Worten nicht fassbar, wie auch der tiefere Sinn von Gott nicht fassbar ist. Dieses »Etwas« ist fern jeder Vielheit, völlig lautere Einfaltigkeit.

Meister Eckhart konstruiert mit diesen an neuplatonischem Denken orientierten Worten eine Sprungschanze des Denkens, auf der er jetzt abheben kann:

»Jene nämliche Kraft, von der ich gesprochen habe, darin Gott blühend und grünend ist mit seiner ganzen Gottheit und der Geist in Gott, in dieser selben Kraft gebiert der Vater seinen eingeborenen Sohn so wahrhaft wie in sich selbst, denn er lebt wirklich in dieser Kraft, und der Geist gebiert mit dem Vater denselben eingeborenen Sohn und sich selbst als denselben Sohn und ist derselbe Sohn in diesem Licht und ist die Wahrheit.«[113]

Gott ist jetzt nicht mehr nur als einfaltig, sondern auch in seiner ursprünglichen Lebendigkeit zu erfahren. Gott »blüht« und »grünt« mit seiner ganzen Gottheit im »Seelenfunken« des Menschen. Dieses Leben Gottes wird durch die Gottesgeburt, besser durch ein Gebären Gottes, zum Ausdruck gebracht.

Die Brücke zwischen der Geburt Gottes in Bethlehem und der Gottesgeburt in der Tiefe menschlichen Seins bildet hierbei die christliche Trinitätslehre, die Dreifaltigkeit Gottes, die Lehre von dem einen Gott in den drei Personen von Vater, Sohn und Heiligem Geist. Das Leben in Gott wird dabei durch das innergöttliche Gebären des Sohnes durch den Vater in der Trinität zum Ausdruck gebracht.

Der dreifaltige Gott ist dabei keineswegs als jenseitiger Gott vorgestellt. In seiner Dreifaltigkeit rückt Gott ganz nahe an den Menschen heran. Mehr noch: Es besteht keinerlei Unterschied zwischen dem Gebären des Sohnes im dreifaltigen Gott und dem Gebären Gottes in der Seele. Der Mensch wird in seinem tiefsten Grund in den innertrinitarischen Prozess mit aufgenommen und ist selbst Sohn Gottes. Das Verständnis des trinitarischen Gottes der traditionellen Theologie findet sich verflüssigt.

So ist es möglich, dass der Meister den Menschen nicht nur als Sohn Gottes sehen kann. Die Gedanken scheinen sich zu überschlagen, wenn Eckhart weiter formuliert:

»Gleichviel genügt es dem edlen, demütigen Menschen nicht damit, dass er der eingeborene Sohn ist, den der Vater ewig geboren hat; er will auch Vater sein und in dieselbe Gleichheit mit der ewigen Vaterschaft eintreten und den gebären, von dem ich ewig geboren bin.«[114]

Da Gott jenseits von Raum und Zeit, und hiermit auch jenseits jedes Unterschieds, nicht unterschieden werden kann in Vater und Sohn, muss der Vater eins mit dem Sohn und der Sohn als eins mit dem Vater gesehen werden. Im Leben der Ewigkeit ist der geboren werdende

Sohn vom gebärenden Vater nicht getrennt. Die Gottesgeburt ist kein eindimensionaler Vorgang des Geborenwerdens, sondern liegt über den Vorstellungsmöglichkeiten jedes natürlichen Denkens und Glaubens.

Wenn es jedoch nur einen eingeborenen Sohn gibt, wie ist es dann möglich, dass jeder Mensch Sohn Gottes werden kann? Die Antwort auf diese Frage gibt Eckhart wie folgt:

»Wie viele der Söhne auch sein mögen, die die Seele in der Ewigkeit gebiert, so gibt's ihrer doch nicht mehr als einen Sohn, denn es geschieht (eben) über der Zeit im Tage der Ewigkeit.«[115]

Wie es in der Ewigkeit keine Trennung gibt zwischen Vater und Sohn, so auch nicht zwischen Sohn und Sohn. Dort, im Bereich jenseits der Zahlen und der Unterschiedenheit, ist nur Eines.

Während Eckhart mit Hilfe der Analogielehre den tieferen Sinn der Einung zwischen Gott und Mensch in den Blick nimmt, kann er mit seiner Rede von der Gottesgeburt im Menschen einen Schritt weiter gehen und die ursprüngliche Lebendigkeit dieser Einung verdeutlichen. Der Mensch als geboren werdende Sohn ist eins mit dem gebärenden Vater, und beide sind Ausdruck des einen göttlichen Lebens. Aber auch in dieser lebendigen Einung von Gott und Mensch bleibt die Welt nicht außen vor.

Die lebendige Schöpfung

Wie die Welt von der Einung zwischen Gott und Mensch nicht ausgeschlossen bleibt, sind auch, vom Blickwinkel der lebendigen Einung aus, Gottesgeburt und Schöpfung nicht als getrennt anzusehen. So formuliert Meister Eckhart:

»In dem selben und einen (Jetzt) nämlich, in dem Gott war und in dem er den ihm gleich ewigen, den durchaus gottgleichen Sohn zeugte, schuf er auch die Welt.«[116]

Die Zeugung des Gottessohnes fand zur selben Zeit statt, als die Welt geschaffen wurde. Da dieser Vorgang jenseits der Zeit anzusetzen ist, dort, wo es keine Unterschiede gibt, handelt es sich im Grunde bei Gottesgeburt und Schöpfung um ein und dasselbe Geschehen.

Der Gedanke der lebendigen Einheit macht es dann sogar möglich, den Menschen als Schöpfer der Welt zu bezeichnen: »Darum wirkt der Mensch, der über die Zeit erhoben ist in die Ewigkeit, mit Gott, was Gott vor tausend Jahren gewirkt hat.«[117] Eckhart weist wiederum nicht auf den Menschen des natürlichen Denkens, wie wir ihn in dieser Welt vorfinden. Er spricht von dem Menschen, der »über der Zeit erhoben ist in die Ewigkeit«. In den Blick genommen ist der ursprüngliche Mensch, der als »armer Mensch« von allen Dingen der Welt »abgeschieden« ist. Nur in diesem ursprünglichen Sinn erfährt der Mensch das göttliche Leben über aller Zeit.

Um diesen Gedanken weiter aufzuhellen, spricht Eckhart an anderer Stelle von zwei Schöpfungen:

»Indem er (Gott) das Wort spricht, spricht er sich und alle Dinge in einer anderen Person und gibt ihm dieselbe Natur, die er selbst hat, und spricht alle vernunftbegabten Geistwesen in demselben Wort als demselben Wort gleich nach dem ›Bild‹, insofern es innebleibend ist, – nicht gleich jedoch demselben Worte in jeder Weise, insofern es ausleuchtet, insofern also ein jedes für sich gesondert Sein hat.«[118]

Noch einmal wird erklärt, wie in dem ewigen Wort des Vaters Gott selbst, alle Dinge und alle »vernünftige geiste« ausgesprochen werden. Dies erfolgt jedoch in zweifacher Weise. Eckhart unterscheidet zwischen einem »innebleibenden« und einem »ausleuchtenden« Sprechen; einer Schöpfung, die dem ewigen Wort nach gleich, und einer, die von diesem Wort unterschieden ist. Grundlage bildet hier das neuplatonische Modell der Emanationslehre. Allerdings kennt Eckhart eine innergöttliche, zeitlose, aber lebendige Schöpfung, welche nicht ausfließt. Sie ist dem Neuplatonismus unbekannt. Auch kann die Vorstellung der Entstehung der Welt durch Emanation Gottes den Gedanken von der zweiten Schöpfung nur schlecht tragen, denn der Meister sieht diese unsere Welt, in der wir leben, als reines Nichts. Keine Spur eines Lichtes oder Ausleuchtens ist für ihn zu erkennen, so dass die Übereinstimmung mit dem Neuplatonismus nur in der Wortwahl besteht.

In gewohnter Radikalität fährt Eckhart fort:

»Alle Kreaturen sind ein reines Nichts. Ich sage nicht, dass sie geringwertig oder überhaupt etwas seien: sie sind ein reines Nichts«.[119]

Man muss Eckhart entgegenhalten, dass die Welt für uns durchaus Realität besitzt. Wäre sie ein Nichts, so könnten wir nicht in ihr leben. Wieder muss gefragt werden, worauf der tiefere Sinn des »lûter niht« deutet. Schlüssig kann Eckhart erklären: »Alle Kreaturen tragen eine Verneinung in sich; die eine verneint, die andere zu sein.«[120] Indem sich das Einzelne aus dem lebenden Ganzen herausnimmt und für sich Sein beansprucht, befindet es sich nicht in seinem wahren Sein und ist verglichen mit ihm »nichts«.

Die Welt kann folglich in ihrer Vereinzelung der Dinge als zweite Schöpfung gesehen werden. Als erste Schöpfung nimmt der Mensch sie in ihrer ursprünglichen, lebendigen Einheit wahr. Die zweite wird gegenüber der ersten dabei nicht als minderwertig oder verfallen gesehen. Eckhart denkt viel radikaler und geht darüber hinaus. Sie ist »reines Nichts«. Die Vielheit in ihrer Vereinzelung nimmt nur der endliche Mensch mit seinem natürlichen Denken als Realität wahr. Der ewige Mensch schaut sie als »nichts«, denn er begreift die Welt, wie sie wirklich ist.

Der Mensch, der sich seiner ursprünglichen Ewigkeit bewusst ist, sieht die Welt in göttlicher Lebendigkeit in einem immerwährenden Schöpfungsprozess:

»Weil Ende hier Anfang ist, hebt das bereits Vollendete immer erst an und wird das bereits Geborene immer erst geboren. Gott hat also alles in der Weise geschaffen, dass er nicht abgelassen hat zu schaffen, sondern immer schafft und zu schaffen anhebt.«[121]

Die lebendige Einungserfahrung, die nicht nur Gott und Mensch, sondern auch die Welt mit einschließt, bedeutet nicht ein immerwährendes Schaffen einer zeitlichen Welt. Gott ist nicht immer noch dabei, diese zeitliche Welt zu schaffen. Dies wäre noch in den Bahnen des natürlichen Denkens eines traditionellen Schöpfungsverständnisses gedacht. Man hätte so nur die Schöpfungstätigkeit Gottes auf den ganzen Zeitraum der Existenz der Welt ausgedehnt. Da die zeitliche Welt von Eckhart als nichtig angesehen wird, würde Gott nichts schaffen. Der Mensch erfährt die immerwährende Schöpfung in der Zeitlosigkeit des Hier und Jetzt. Hier ist der Anfang das Ende, die Frucht in der Blüte, aber auch das Ende der Anfang, immerwährendes Geborenwerden, Schöpfung und Leben. Die Schöpfung ist eins mit Gott, wie der Mensch in der Gottesgeburt eins mit Gott ist. Mensch, Gott und Welt werden als ein göttliches Leben erfahren.

Das Leben aus dem Eigenen

Ob Eckhart mit der Gottesgeburt im Menschen auf das innergöttliche Leben des Menschen weist oder auf das göttliche Leben des Menschen mitten in der Welt, letztendlich reicht es dem Meister aus, einfach nur von »Leben» zu sprechen: »Nichts ist so lieb und so begehrenswert unter allen Dingen wie das Leben.«[122] Alle Worte, Gedanken, Modelle und Paradoxien, mit welchen Meister Eckhart in seinen Predigten und Traktaten in immer wieder neuen Anläufen seine Zuhörer und Leser inspiriert, wollen letztlich den Weg zu dem einen ursprünglichen Leben weisen. In klaren Worten bringt Eckhart dann zum Ausdruck, warum gerade das Leben für ihn eine so große Bedeutung einnimmt:

»Weil das Leben aus seinem eigenen Grunde lebt und aus seinem Eigenen quillt; darum lebt es ohne Warum eben darin, dass es sich selbst lebt.«[123]

An solche Textstellen konnte viele Jahrhunderte später Angelus Silesius anknüpfen, als er seinen berühmten Vers über die Rose formulierte, deren Besonderheit es ist, »ohne Warum« zu leben. Es geht um das ursprüngliche Leben in Freiheit, das nicht mehr getrieben und abhängig ist von einem Warum, das keinen äußeren Anstoß benötigt, um zu sein, das ganz aus seinem Eigenen quillt.

Im natürlichen Leben strebt der Mensch nach Anerkennung, Wohlstand oder sinnlichen Freuden. Sein Leben richtet sich nach vielen äußeren Gründen aus, wodurch er erfährt, warum er lebt. Es sind genau diese Gründe, die das natürliche Leben treiben, wodurch der natürliche Mensch, mehr als dass er lebt, eigentlich gelebt wird. Diese äußere Schale des Warum ist zu durchbrechen, um das ursprüngliche, göttliche Leben zum Tragen kommen zu lassen:

»Darin liegt der Seele Lauterkeit, dass sie geläutert ist von einem Leben, das geteilt ist, und eintritt in ein Leben, das geeint ist.«[124]

Es gibt ein Leben, das geteilt ist, ein Leben in der Vielheit der äußeren und äußerlichen Gründe; und dann spricht der Meister von einem Leben, in dem sich der Mensch von all diesen Äußerlichkeiten als geläutert und hierdurch mit sich selbst geeint erfährt.

Nur dieses göttliche Leben ist Leben in eigentlichem Sinn. So antwortet Eckhart auf die Frage »Was ist Leben?« klar und präzise mit »Gottes Sein ist mein Leben«[125] oder erklärt an anderer Stelle: » …alle Werke dieses Menschen wirkt allein Gott.«[126] Nur dieses göttliche Leben, in dem der Mensch nicht triebhaft gelebt wird, nicht zerstreut ist, nur dieses Leben ist Gott im tieferen und eigentlichen Sinn des Wortes.

Aber welche Rolle spielt der Mensch in diesem göttlichen Wirken? Um auf diese Frage näher einzugehen, modifiziert Eckhart seine erste Aussage und spricht davon, »auf das man ein Mitwirken mit Gott hätte«.[127] Folglich wirkt der Mensch, aber er wirkt nicht für sich allein, sondern er wirkt mit Gott. Hier handelt es sich jedoch immer noch nicht um die letzte Ausformulierung des Gedankens, denn es darf in diesem Wirken nicht zwei, sondern nur eines geben. Des Menschen Wille muss »mit Gottes Willen eins und geeint sein«[128], so dass es nur »ein Wirken« gibt.[129] Wie Gott und Mensch im Sein eins sind, so sollen sie auch eins im Wollen und Wirken sein. Genauso wie der Mensch, durch Loslassen von seinem weltlichen Sein, sein wahres oder eigentliches Sein gewinnt, so gelangt er auf diese Weise auch im Handeln ganz zu seinem Eigenen.

Dieses Wirken ist »so völlig eins, dass ich mit ihm wirke, und zwar nicht so mit ihm wirke, dass ich wirke und er nachschiebe: ich wirke vielmehr ganz mit dem Meinigen«.[130] Jetzt zeigt der Meister klar, was er eigentlich meint, wie er die Einheit des göttlichen und menschlichen Handelns versteht. Diese erreicht der Mensch nicht, indem er in sich einen gegenüberstehenden Gott handeln lässt, wie dies noch in den ersten Zitaten klingen mag. So soll es keinen Gott geben, der im Menschen handelt, der ihn lenkt oder durch ihn spricht.

Solange der Mensch noch einen Schöpfer über sich kennt, der ihn bestimmt, kann er nicht vollkommen frei handeln. In der Einheit von Gott und Mensch jedoch ist Gottes Wille dem Menschen nicht mehr ein fremder, sondern sein eigener:

»Und der Geist vermag nichts anderes zu wollen, als was Gott will; dies aber ist nicht seine Unfreiheit, es ist seine ureigene Freiheit.«[131]

Wenn Eckhart jetzt vom eigenen Willen spricht, ist dieser eigene Wille nicht dem gleich, den der Mensch hatte, als er noch nicht mit Gott eins war. Zu dieser Zeit wurde er von der Welt bestimmt, jetzt ist er unabhängig von ihr:

»Der Wille ist so frei und so edel, dass er von keinen körperlichen Dingen (Antrieb) empfängt, sondern aus eigener Freiheit wirkt er sein Werk.«[132]

Das Handeln empfängt seinen Antrieb nicht mehr von außen, sondern aus dem Innern des Menschen. »Wir können und müssen aus unserem Eigenen von innen her wirken. Sollen wir also denn in ihm (Gott) oder durch ihn leben, so muss er unser Eigen sein und müssen wir aus unserem Eigenen wirken.«[133]

Der Mensch soll loslassen von allem, nicht indem er sich von der Welt zurückzieht, sondern indem er, frei von der Welt, ungehindert in ihr lebt. Dieses Loslassen bedeutet gleichzeitig ein Zurücklassen in das Ur-Eigene, welches absolut frei wurde von jeder Manipulation von außen. Nur dort lebt der Mensch wirklich aus seinem Eigenen: »Hier lebe ich aus meinem Eigenen, wie Gott aus seinem Eigenen lebt.«[134] Der Mensch soll sich nicht aufgeben, im Gegenteil, er kann in diesem ursprünglichen Göttlichen sich selbst erst gewinnen.

Hier, in diesem Leben ohne Warum, ist der Mensch nicht mehr abhängig von dem Warum des vergänglichen Glücks, um so, wunschlos glücklich, ein neues, unvergleichliches Glück zu erfahren: »Und die Meister erweisen, dass dieser Einigung und diesem Durchfluss und dieser Wonne sich nichts an Lust und Wonne vergleichen kann.«[135] Das Glück ohne Warum wird nicht durch irdische Dinge hervorgerufen. Gerade in der Loslösung von den vergänglichen Abhängigkeiten kann sich der Mensch für die unvergleichliche Wonne öffnen.

Wie ist jedoch diese Erfahrung des ursprünglichen, göttlichen Lebens zu realisieren? Nicht nur für seine

Schüler, sondern auch für den heutigen Leser dieser Texte stellt sich die Frage nach dem Weg zur Gottesgeburt im Menschen.

4. Der Weg

Wenn Mystik heute auch meist mit mystischem Erfahren identifiziert wird, so zählt doch immer auch der Weg zu solchem Erfahren zu den zentralen Themen ihrer Autoren. So beschreibt Meister Eckhart nicht nur die Perspektive der Einungserfahrung oder der Gottesgeburt im Menschen, sondern zeigt auch die Leitlinien des spirituellen Weges.

Die Gnade Gottes und die Übung des Menschen

Immer wieder betont Eckhart die Bedeutung der Gnade: »... und diese Gleichheit (mit Gott) aber muss in Gnade erstehen, denn die Gnade zieht den Menschen von allen zeitlichen Dingen weg und läutert ihn von allen vergänglichen Dingen«.[136] In seinen deutschen wie auch seinen lateinischen Werken gilt, dass es dem Menschen nicht möglich ist, das Göttliche zu verdienen, »weil es Gnadengaben sind, können wir sie nicht verdienen«.[137] Eckhart treibt den Gedanken auf die Spitze, indem er sogar das Suchen nach Gott als zwecklos beschreibt: »Je mehr man dich (Gott) sucht, umso weniger findet man dich. Du sollst ihn suchen so, dass du ihn nirgends findest. Suchst du ihn nicht, so findest du ihn.«[138]

Jedes Streben nach Gott führt von ihm weiter weg. Selbst der Wunsch, die Gottesgeburt zu erfahren, soll den Suchenden daran hindern, Gott näher zu kommen.

Alles klingt danach, als ob der Mensch von einem allmächtigen Gott abhängig wäre, der seine Gnade gewähren oder entziehen kann. Aber auch hier gilt, dass die Schale der natürlichen Bedeutung der Begriffe zu zerbrechen ist, um sich ihres tieferen Sinns bewusst zu werden. Nur im gegenständlichen Denken und Glauben bedeutet die Betonung der Gnade Gottes die Abhängigkeit von einem jenseitigen Gott. Gnade in ihrem tieferen Sinn weist auf die Nichtmachbarkeit des gesamten Geschehens. Gnade bringt nicht die Abhängigkeit des Menschen von einem jenseitigen Gott zum Ausdruck, sondern ermöglicht gerade die Öffnung für die Erfahrung der Gottesgeburt im Hier und Jetzt. In diesem Sinn kann Eckhart predigen, dass der Mensch, wenn er aufgehört hat zu suchen, Gott findet. Der Mensch soll Gott also nicht suchen, um ihn zu finden. Wie aber kann derjenige, dem alles daran gelegen ist, zu Gott zu gelangen, dieses Nichtsuchen realisieren?

Alles kommt darauf an, dieses Paradox zu verwirklichen, einerseits das Leben voll auf Gott auszurichten und andererseits von seinem ganzen Suchen und Streben abzulassen. Das Wirken der göttlichen Gnade ist gleichsam sogar davon abhängig, wie weit der Mensch von seinem Suchen gelassen hat, das zumindest zu Beginn in gewisser Weise dem egoistischen Wunsch nach Vervollkommnung gleichkommt. Nur durch ein Loslassen von jeglicher Ich-Bezogenheit wird der Schüler bereit für den Empfang der Gnade.

Alles, was der Mensch tun kann, ist, die Bereitschaft zu entwickeln, sich auf die göttliche Gnade bedingungslos einzulassen. Diese Bereitschaft kann jedoch durchaus geübt werden: »...jedoch durch Übung und Läuterung können sie (die seelischen Kräfte des Menschen) empfänglich werden.«[139] Der Sinn der spirituellen Übungspraxis besteht im Üben der Bereitschaft des Menschen, die Gnade Gottes empfangen zu können. Letztlich muss jedoch selbst diese Bestimmung als noch zu gegenständlich gedacht bezeichnet werden. In gewohnter Prägnanz formuliert Eckhart:

»Es ist ein Augenblick: das Bereitsein und das Eingießen. Wenn die Natur ihr Höchstes erreicht, dann gibt Gott die Gnade; im gleichen Zeitpunkt, da der Geist bereit ist, geht Gott (in ihn) ein, ohne Verzug und ohne Zögern.«[140]

Bereitsein und Eingießen geschehen in einem Augenblick, sind notwendig miteinander verknüpft: »Deshalb muss Gott notwendig sich einem abgeschiedenen Herzen geben.«[141] Jetzt gilt es natürlich auch umgekehrt die Fehlinterpretation des natürlichen Denkens zu vermeiden, dass der Mensch Macht über Gott hätte. Nur dem »abgeschiedenen Herzen«, das heißt dem Menschen, der Gott nicht mehr sucht, der nichts mehr will, der alles gelassen hat, dem gibt sich Gott. Aber diese Abgeschiedenheit ist dann notwendig verknüpft mit dem Geben Gottes, ja sie ist sogar mit ihm eins.

Durch Übung kann der Mensch auf dieses Geschehen hinarbeiten. Er ist folglich nicht einem willkürlich waltenden Gott ausgeliefert, sondern kann sich durch eine spirituelle Praxis auf den Weg bringen zur Gottesgeburt, ohne dass die vollkommene Gnadenhaftigkeit dieses Geschehens dadurch infrage gestellt wäre. Dabei spielen Denken und Reflexion eine wichtige Rolle.

Anlaufnehmen mit dem Denken

Wie kann der Mensch die Bereitschaft entwickeln, die ihn für die Gottesgeburt öffnet? Das Vermögen der Reflexion und der denkenden Überlegungen wird bei Eckhart keineswegs negiert: »…dass er überdies in allen Dingen Bindungslosigkeit gewinne und gegenüber den Dingen völlig frei bleibe. Dazu gehört zu Beginn notwendig Überlegung und ein aufmerksames Einprägen wie beim Schüler zu seiner Kunst.«[142]

Zunächst ist, am Anfang des Übens, der Intellekt angesprochen. Es gilt, über die Glaubensinhalte nachzudenken, sie zu verstehen, und sich das Gesagte einzuprägen. Die Inhalte der Lehre zu verstehen gibt Halt und ein sicheres Fundament. Letztlich baut Eckhart mit diesem Fundament jedoch seinen Schülern eine Sprungschanze des natürlichen Denkens, auf der sie Anlauf nehmen können.

Immer wieder findet man in dieser Weise auch erste Lockerungsübungen des Denkens, die für den Absprung vorbereiten. Eckhart geht dabei durchaus methodisch vor. So verwendet der Meister für seine Bibel-Interpretationen gerne wenig bekannte Textstellen, da er davon ausgeht, dass Ungewöhnliches den Geist mehr reizen kann als schon längst Gehörtes.[143]

Radikaler wirken dann schon seine Provokationen. So lehrt Eckhart oft das Gegenteil von dem, was dem gegenständlichen Glauben seiner Schüler entspricht. Eine nachfolgende Erklärung rückt dann seine Aussage in ein neues Licht, worin sie jetzt erst einsehbar wird.

So provoziert der Meister, indem er behauptet: »Er (Gott) war nicht, bevor die Welt war.« Diese These widerspricht zunächst dem Glauben seiner Zuhörer an einen ewigen Gott, der, bevor er die Welt erschuf, schon existierte. Die den Widerspruch auflösende Erklärung des Meisters lautet dann: »Falsch ist nämlich die Vorstellung, als stünde Gott in Erwartung irgendeines künftigen zeitlichen Jetzt, um in ihm die Welt zu schaffen.«[144] Eckhart erläutert, dass der ewige Gott jenseits jeder zeitlichen Begrenzung zu suchen ist und somit der Gedanke einer

Existenz Gottes vor der Schöpfung dem gegenständlichen Vorstellen des Menschen durchaus logisch erscheint, der radikal verstandenen Ewigkeit Gottes jedoch in keiner Weise entsprechen kann.

In diesem Zusammenhang sind auch viele der von Papst Johannes XXII. als ketzerisch verurteilen Sätze aus Eckharts Schriften zu finden. »Wer Gott lästert, lobt Gott« oder »… und je mehr er (der Mensch) schmäht und je schwerer er sündigt, umso kräftiger lobt er Gott«. [145] Hierauf wurde schon in der Einleitung dieses Buches eingegangen. Aber auch eine Aussage wie »alle Kreaturen sind ein reines Nichts: ich sage nicht, dass sie etwas Geringes oder (überhaupt) irgendetwas sind, sondern dass sie ein reines Nichts sind«,[146] steht im Widerspruch zur offiziellen Lehre und muss einen Menschen provozieren, dessen Glaubensleben im natürlichen Denken verankert ist. Noch radikaler wirkt Eckharts Aufforderung zum totalen Verzicht, insbesondere dann, wenn der Verzicht auch den Wunsch nach dem Himmelreich einschließt: »Die nach nichts trachten, weder nach Ehren noch nach Nutzen noch nach innerer Hingabe noch nach Heiligkeit noch nach Belohnung noch nach dem Himmelreich, sondern auf dieses alles verzichtet haben, auch auf das Ihrige – in solchen Menschen wird Gott geehrt.«[147]

Diese Sätze wurden aus dem Zusammenhang gerissen, zum Teil schlecht ins Lateinische übersetzt, vor allem jedoch als Lehrsätze gesehen und als solche als ketzerisch verurteilt. Wenn Konrad Weiß schreibt, dass das Aussprechen solch frevelnder Worte »eine letzte Scheu dem frommen Menschen verbietet«,[148] wird deutlich, dass solche Sätze bis heute auf religiöse Menschen verstörend wirken können. Eckhart wollte jedoch weder freveln noch verletzen. Ihm ging es nicht darum, den frommen Glauben zu zerstören, sondern ihn für ein tieferes Leben aufzubrechen. Dies tat er zugegebenermaßen mit einer auf manche Menschen verstörend wirkenden Radikalität. Die Schale der Lehrsätze des frommen Glaubens sollte jedoch zerbrechen, damit das innere Leben des Glaubens zum Durchbruch kommen kann. Die Provokationen bedeuten ein Anlaufnehmen mit dem Denken, um dann von dem Glauben an die Lehren des natürlichen Denkens loslassen zu können.

Wer jetzt glaubt, dass das Schlimmste nun überstanden sei, muss eines Besseren belehrt werden. Die hier erwähnten Provokationen waren durchaus noch steigerbar. Das radikalste Anlaufnehmen auf der Sprungschanze des Denkens findet man in den Texten Eckharts dann, wenn er die Praxis der Negativen Theologie der neuplatonischen Mystik aufnimmt. Das Denken in Verneinungen hatte im christlichen Bereich als Erster Pseudo-Dionysius in seiner »Mystischen Theologie« im 6. Jahrhundert n. Chr. entwickelt. Eckhart griff diese Übungsform auf und führte sie in seinen Predigten in vorher noch nie gehörter Weise bis zum Äußersten weiter.

So mussten sich seine Zuhörerinnen nicht nur anhören, dass Gott »übergut« oder »nicht-gut« sei. Sie wurden auch mit Sätzen wie diesen konfrontiert:

»Gott ist nicht gut noch besser noch allerbest. Wer das sagte, Gott sei gut, der täte ihm ebenso unrecht, wie wenn er die Sonne schwarz nennen würde.«[149]

Dass Gott gut sein soll wie die Sonne schwarz, muss auf die gläubigen Nonnen wie ein Schock gewirkt haben. Aber Eckhart ging noch weiter, wenn er predigte: »Darum bitten wir Gott, dass wir ‚Gottes' ledig werden«[150] oder wenn er das Ziel des spirituellen Weges aufzeigte und dann sagte: »... dort entwird Gott.«[151] Die Dominikanerinnen hatten ihre Familien verlassen, um im Kloster ihr ganzes Leben auf die Suche nach Gott auszurichten. Jetzt aber sollten sie sich von Gott befreien? Die Schwestern versuchten, Gott zu finden, nicht die Befreiung von ihm. Hier war nichts mehr rational zu begreifen. Immer wieder mussten diese Sätze, die ja immerhin von dem großen und schon damals berühmten Gelehrten der Pariser Universität gesagt wurden, das Innerste der Schwestern in Wallung gebracht haben. Immer wieder wird ihnen die Frage nach der Bedeutung dieser Provokationen in den Sinn gekommen sein.

Es sind diese Provokationen, die den Prozess fördern sollten, in dem alles Festhalten an den Gedanken über Gott sich auflöst. Die Provokationen wollten einen Prozess initiieren, der den Geist in Bewegung bringt. Sie wollten das Denken dazu verleiten, vom Festhalten an den Lehrsätzen des natürlichen Denkens loszulassen. Was auf den ersten Blick so aussah, dass Eckhart seinen Zuhörern jede Möglichkeit abspricht, zu Gott zu finden, kann sich beim Abspringen von der wörtlichen Bedeutung der Begriffe als genau das Gegenteil zeigen und den menschlichen Geist für das Unsagbare öffnen.

Die Provokationen lösen sich auf, wenn der Übende auf der Sprungschanze des Denkens Anlauf nimmt und dann, vom festen Halt der Schanze loslassend, abhebt, um so offen zu werden für den ‚Durchbruch' nach innen. Durch eine tiefe innere Verwandlung sollte sich der Geist von dem sicheren Fundament der Gedanken lösen. In diesem Sinne schreibt Eckhart: »Der Mensch soll sich nicht genügen lassen an einem gedachten Gott« …, um dann erklärend hinzuzufügen »… denn wenn der Gedanke vergeht, so vergeht auch der Gott.«[152] Im Abspringen vom Denken kann sich in den Tiefen des Seelengrundes der Durchbruch zu dem eröffnen, das Eckhart immer wieder als Gottesgeburt im Menschen bezeichnet. Der Mensch öffnet sich für das wahrhafte Leben Gottes, so dass Eckhart weiter erklärend formulieren kann: »Man soll vielmehr einen wesenhaften Gott haben, der weit erhaben ist über die Gedanken des Menschen und aller Kreatur.«[153]

In vielfältiger Weise zeigte der Meister auf, wie es möglich ist, mit dem Denken Anlauf zu nehmen. Das Üben mit dem Denken bildete hierbei jedoch nur eine von vielen Übungsformen einer umfassenden spirituellen Praxis.

Spirituelle Übungsformen

Meister Eckhart erwähnt spirituelle Übungsformen wie »über die Leidenschaften herrschen«,[154] die bloße »Aufnahme des Glaubens«,[155] »Liebe, nämlich die Gottes- und Nächstenliebe«,[156] »ein wohlgefälliger Wandel«,[157] »ständige Vermehrung guter Werke«,[158] »eifrige Versenkung in die göttlichen Dinge«[159] oder »eine in allem beständige Ausdauer im Gehorsam«.[160] Grundsätzlich gilt, dass Eckhart von den zahlreichen Übungsformen nicht eine als die einzig möglich sieht, die sich für alle als richtig erweisen kann. Wie es viele Routen gibt, auf denen man über das Meer gelangt, so besteht für Eckhart auch nicht nur ein Weg, der zu Gott führt, denn »... überdies können nicht alle Menschen einem Wege folgen.«[161] Im Gegenteil, jeder ist aufgefordert, auf seine eigene Weise seinen eigenen Weg zu gehen.

Im Unterschied zu anderen Autoren der Mystik, wie Hugo und Richard von St. Viktor oder später Theresa von Avila, findet sich in den Texten des Meisters keine systematisch ausgearbeitete Praxis. Eckhart lebte und predigte jedoch in religiösen Gemeinschaften, für die eine spirituelle Praxis wie das tägliche Chorgebet, die Heilige Messe oder die Teilnahme an den Sakramenten zum selbstverständlichen Alltag gehörte. Für ihn bestand somit keinerlei Veranlassung, in seinen Predigten konkrete Übungsformen zu lehren. Seine Anforderungen lagen auf einem ganz anderen Gebiet.

Im Zentrum von Eckharts Wegweisung steht seine Auseinandersetzung mit der damals in den von ihm betreuten Klöstern üblichen Askesepraxis, über die zahlreiche Chroniken nähere Auskunft geben. Sich auf das »Büchlein des Lebens und der Offenbarung« stützend, beschrieb Walter Muschg die Kasteiungen der Elsbeth von Eiken aus dem Kloster Katharinental, die Eckhart besonders nahegestanden haben soll: »Schon sehr jung verfertigte sie sich eine Geißel, deren Nadeln oft so tief in ihr Fleisch eindrangen, dass sie sie kaum wieder herausziehen konnte.«[162] Elsbeth von Eiken soll ein Kreuz mit spitzen eisernen Nägeln auf ihrer rechten Seite getragen haben, das sich in ihr Fleisch presste. Kleider hätte sie so lange getragen, bis sie mürbe von ihr abgefallen seien.[163] Weiter ist bei Muschg zu lesen: »Tag und Nacht quellen Würmer wie ein Schwarm von Ameisen an ihr.«[164] Von Elsbeth von Beckenhofen aus dem Kloster Ötenbach, das ebenfalls von Meister Eckhart betreut wurde, wird in zwei überlieferten Texten erzählt, dass von ihr und ihren Mitschwestern schwere Kasteiungen und Abtötungen durchgeführt wurden. Erst durch eine von Eckhart nachträglich bestätigte Botschaft Gottes kam sie davon ab und wendete sich einer verinnerlichten Nachfolge Christi zu.[165]

In diesem Zusammenhang wird es verständlich, dass dann konkret in den Texten des Meisters zu lesen ist, dass er »Fasten, Wachen, Beten, Knien, sich kasteien, härene Hemden tragen, hart liegen« ablehnt. Als tausendmal besser als diese Übungen sieht er die »Liebe«.[166] Immer wieder macht Eckhart deutlich, dass die Gottesgeburt im Menschen nicht durch Kasteiung und Abtötung herbeizuzwingen sei, sondern durch die Förderung eines inneren Prozesses der Transformation und der geistigen Loslösung von der inneren Gebundenheit.

In diesem Sinn macht Eckhart auch darauf aufmerksam, dass die Praxis des Fastens nicht bei äußerer Askese stehen bleibt, sondern den Prozess innerer Loslösung fördert. In der Konsequenz dieses Gedankens kann Eckhart dann sagen: »Und darum mögen dann die mit vollem Recht und Fug getrost essen, die ebenso recht bereit zum Fasten wären.«[167]

In gleicher Weise betont der Meister, dass es nicht auf die Anzahl guter Werke ankommt. Jedes Handeln kann jedoch zur Übung werden, wenn der Blick auf die innere Haltung gerichtet wird: »Ihm (Gott) ist ja nicht viel an unseren Werken gelegen, als vielmehr nur an unserer Gesinnung in allen unseren Werken.«[168]

Letztlich versteht Eckhart sogar die Sakramente der Eucharistie und der Beichte als Übungspraxis, wenn sie nicht nur äußerlich durchgeführte Handlungen darstellen, sondern einen geistigen Prozess der Loslösung und Öffnung anstoßen.[169] Immer geht es ihm darum, die spirituelle Praxis in die Tiefe eines inneren Übens zu führen.

5. Das innere Üben

Vor allem, um sich von »äußerlichen Übungen und Kasteiungen«[170] abzusetzen, spricht Eckhart von einem »inneren Üben«, »wenn man sich mit verständnisvoller Umsicht von innen her übt«.[171] Inneres Üben bedeutet dabei keine bestimmte Übungsform, wie eine bestimmte Gebets-, Meditations- oder Kontemplationstechnik. Jede Übung kann zu einem inneren Üben werden. Eine Praxis wird dann zur inneren Übung, wenn sie nicht mehr als Technik verstanden wird, sondern das verwirklicht, was ihre ursprüngliche und eigentliche Bedeutung ausmacht.

In diesem Sinn schrieb der Schweizer Eckhart-Forscher Alois Maria Haas: »Anders als in der Weg- und Weiselosigkeit gibt es keinen Weg zu Gott«.[172] Inneres Üben kann in paradoxer Entgegensetzung, als »Übung ohne Weise« bezeichnet werden, so dass Übung auf der einen Seite und die Unverfügbarkeit absoluter Gnadenhaftigkeit auf der anderen sich nicht wechselseitig ausschließen, sondern ein konstitutives Element der Praxis bilden.

Inneres Üben macht so auch keine Mühe, sondern geschieht mit großer Leichtigkeit:

»Niemand soll glauben, dass es schwer sei, hierzu zu gelangen, wenngleich es schwer klingt und auch schwer ist am Anfang und im Abscheiden und Absterben gegenüber allen Dingen. Aber, wenn man (erst) hineinkommt, so hat es nie ein leichteres, lustvolleres und liebenswerteres Leben gegeben.«[173]

Zu Beginn jeder Übung ist das Üben Machen und Tun. Solange der Mensch die Übung noch als Technik versteht, ist auch noch nichts von göttlichen Gnaden zu spüren. Der Mensch muss sich abmühen und kommt nur langsam vorwärts. Der Sinn jeder spirituellen Übung liegt darin, wie Meister Eckhart sagt, dass »man hineinkommt«. Jetzt wandelt sich die Übungstechnik zur inneren Übung ohne Weise. Jetzt beginnt alles leicht zu gehen. Dort, wo Mühe ist, ist keine Göttlichkeit erkennbar. Wenn man Gott findet, kann man ihn nur leicht finden. Dieses »innere Üben« wird dann von Eckhart in drei Hauptaspekten beschrieben. Es geht zunächst um die Ruhe, in der sich der Übende sammeln kann, um dann in der Sammlung das dritte Moment der Gelassenheit zu verwirklichen.

Ruhe

Um eine Praxis in die Tiefe zu führen, spielt das Moment der Ruhe eine grundlegende Rolle. So kommt es, dass Eckhart die Ruhe über jegliches andere Üben stellte: »Des Wachens, Fastens, Betens und aller Kasteiung achtet und bedarf Gott nicht im Gegensatz zur Ruhe.«[174] Die Ruhe bildet gleichsam die Voraussetzung jeglicher Übungspraxis, wenn nur in der Ruhe und Stille Gott seinen Sohn in der Seele gebären kann.[175]

Die Übung der Ruhe meint zunächst den Rückzug aus dem Trubel des Alltagslebens in die Klosterzelle, die Einöde oder die Kirche. Wie wir aus Texten jener Zeit wissen, spielte hier insbesondere die Ruhe der Nacht eine ganz besondere Rolle. Man nützte die Nacht, wo keine Arbeit erledigt und keine Gebetsverpflichtung mehr erfüllt werden musste, die Zeit nach der abendlichen Komplet, vor allem jedoch auch die Ruhe nach der nächtlichen Matutin, der Mitternachtsmette.[176]

Mit dem Gebet der Ruhe griff man eine Form des Betens auf, wie sie schon von den Wüstenvätern in den ersten nachchristlichen Jahrhunderten praktiziert wurde, wenn sie sich in ihre Höhle oder Zelle zurückzogen hatten und sich dort der einfachen Wendung nach innen widmeten. Da gerade dem Ordensgründer Dominikus nachgesagt wurde, dass er in der Nacht gebetet haben soll, hat der Ausbreitung des schweigenden Betens bei den Dominikanerinnen mit Sicherheit Vorschub geleistet. Man kann sogar davon ausgehen, dass die Übung des Schweigens sich zu einem wichtigen Bestandteil der spirituellen Praxis zahlreicher Ordensgemeinschaften im Hochmittelalter entwickelt hat.[177]

Die Übung des Rückzugs in die äußere Ruhe bildet jedoch nur den ersten Schritt der Übung. Sich auf Anselm von Canterbury beziehend, unterscheidet Eckhart zwischen zwei Phasen der Ruhe: »Entziehe dich der Unruhe äußerer Werke! Fliehe weiterhin und verbirg dich vor dem Gestürm innerer Gedanken.«[178] Es reicht nicht aus, vom Handeln abzulassen und sich in eine Klosterzelle einzuschließen. Dieser äußere Rückzug wird zur Vorbereitung für die eigentliche Übung der inneren Ruhe: »…alle Stimmen und Laute, die müssen fort und muss eine lautere Stille da sein, ein Stillschweigen.«[179] Erst jetzt, wenn so auch das Gestürm der Gedanken im Innern des Menschen beruhigt wird, geschieht das, was Eckhart als »lautere Stille« bezeichnet. Diese innere Stille ist die Ruhe, in der Gott seinen Sohn in der Seele gebiert. Die innere Ruhe des Denkens ist dann vor allem durch die Übung der Sammlung und Konzentration zu fördern.

Sammlung

Der zweite Aspekt des inneren Übens ist die »Sammlung«. »Wer Gottes Lehre empfangen soll, der muss sich sammeln und in sich verschließen vor aller Sorge und Kümmernis und dem Getriebe niederer Dinge.«[180] Der Mensch soll sich von allem Äußeren abwenden und sich ganz auf sein »Innen« konzentrieren, »dass alle zerstreuten Sinne des Menschen und das Gemüt hierin gesammelt und geeinigt werden«.[181] Der Sammlung kommt die Aufgabe zu, den in die weltlichen Dinge zerstreuten Geist zu einigen. Die Unruhe der Zerstreutheit des Denkens, das Hin- und Hergezogenwerden der Gedanken und Gefühle durch ihre Gebundenheit an die weltlichen Dinge, ist zu konzentrieren.

Wenn diese Sammlung meist auch auf einen religiösen Inhalt, sei es auf eine Stelle der Bibel, einer Heiligenlegende, ein Meditationsbild oder anderes erfolgt ist, so lag hierin jedoch keineswegs schon das Ziel der Übung. Mit bloßer Sammlung des Geistes ist das Entscheidende des spirituellen Wandlungsprozesses noch nicht erreicht. Festhalten am Gegenstand der Sammlung ist wichtig, um eine erste Stabilität im Gestürm der Gedanken und Gefühle zu erlangen. Aber selbst wenn es dem Übenden gelingen würde, alle seine Gedanken zu sammeln und sich nur noch auf Eines zu konzentrieren, so wäre sein Denken doch immer noch auf diesen einen Punkt gerichtet.

Der Übende würde weiterhin im Bereich seiner eigenen, herkömmlichen Vorstellungswelt des natürlichen Denkens verbleiben, der ja gerade in solcher Übung durchbrochen werden soll. Um in die Tiefe zu gelangen, muss sich die Sammlung für die Gelassenheit öffnen.

Gelassenheit

Der Aspekt der »Sammlung« ist somit nur die eine Seite der Medaille. Er ist notwendig eins mit seinem Gegenteil, dem »Loslassen« oder der »Gelassenheit«. Erst jetzt gelangt die Übung zu dem entscheidenden Punkt, der nur noch in paradoxer Formulierung zum Ausdruck kommen kann. Erst wenn die Sammlung zur Öffnung einer inneren Gelassenheit umschlägt, ist es möglich zu sagen: »Je mehr sich die Seele gesammelt hat, umso enger ist sie, und je enger sie ist, umso weiter ist sie.«[182] Das von Eckhart gewiesene innere Üben meint nicht nur die Verengung der Sammlung, sondern auch die Erweiterung der Gelassenheit.

Von daher verwundert es nicht, wenn Eckhart für das Verständnis seiner Wegweisung neben der »Sammlung« die »Gelassenheit« voraussetzt und aus der Heiligen Schrift zitiert: »... niemand kann mein Wort hören noch meine Lehre, er habe denn sich selbst gelassen«.[183] Die Gelassenheit bezieht sich somit nicht nur auf das Loslassen von Gedanken, Gefühlen und Bedürfnissen. Sie ist weit radikaler zu verstehen. Der Übende soll von sich selbst loslassen, von seinem eigenen »Ich«: »Er (der Mensch) soll zuerst sich selbst lassen, dann hat er alles gelassen.«[184] Die Forderung der Ich-Gelassenheit steht im Mittelpunkt, da der Mensch gleichzeitig mit dem Ich auch alles Weltliche, ja die ganze Welt gelassen hat. Meister Eckhart fordert dieses Loslassen bis zur letzten Konsequenz. Der Mensch muss alles aufgeben, so dass er »niemals nur einen Augenblick auf das sieht, was er gelassen hat«.[185] Dem Menschen ist kein Blick mehr erlaubt zurück auf das, was sich nun hinter ihm befindet.

Genauso wenig darf er auch nach vorne blicken, auf das, was er erstrebt: »Hast du es aber auf das, was dir zuteil werden soll, abgesehen, und schielst du danach, so wird dir nichts zuteil.«[186] In der Forderung der Gelassenheit von sich selbst ist dem Menschen auch die Möglichkeit genommen, sich am eigenen Schopfe aus dem Sumpf seiner Gebundenheit an die Welt herauszuziehen. Es gilt, die Gebundenheit an die Welt zu lösen, an alles Erstrebte wie auch an sich selbst.

Nun schließt sich der Kreis des inneren Übens. Nur ein gesammelter Geist, der gleichzeitig von allem Denken, Wollen und Haben loszulassen vermag, kann sich für die innere Ruhe öffnen, von der gesagt werden kann, dass sie umso weiter werde, je enger sie sei. Erst diese Gelassenheit, in der der Mensch ganz in sich gekehrt und gleichzeitig auch von allem losgelöst ist, lässt die anfangs beschriebenen innere Stille aufbrechen, die Eckhart als *lû-*

ter stilnisse beschreibt. Eckhart will den vollkommenen Rückzug von jedem Tun, genauso wie die Beruhigung jeglicher gedanklichen Aktivität. Im völligen *stilleswîgen* wird weder gesprochen noch gedacht. Ist eine spirituelle Praxis bis hierhin gelangt, hat sie das innere Üben ohne Weise in ihrer Fülle verwirklicht. Und doch ist so nur ein erster Schritt getan.

6. Zurück in die Welt

Durch seine ständigen Aufforderungen zum Loslassen und Abscheiden von der Welt kann durchaus der Eindruck entstehen, Meister Eckharts Bestreben gelte dem Rückzug hinter die Klostermauern. Sich aus dem Trubel des Alltags zurückzuziehen, hatte für Meister Eckhart auch durchaus einen großen Wert. Eckhart sah im Rückzug vom Handeln in der Welt jedoch keinen Wert an sich. Letztendlich ist ein vollkommener Rückzug ohne jedes Handeln für den Meister sogar überhaupt nicht möglich:

»Denn wer recht daran sein soll, bei dem muss je von zwei Dingen eines geschehen, entweder muss er Gott in den Werken zu ergreifen und zu halten lernen, oder er muss alle Werke lassen. Da nun aber der Mensch in diesem Leben nicht ohne Tätigkeit sein kann, die nun einmal zum Menschsein gehört und deren es vielerlei gibt, darum lerne der Mensch seinen Gott in allen Dingen zu haben und unbehindert zu bleiben in allen Werken und an allen Stätten.«[187]

Eckhart analysiert ganz nüchtern die Situation des Menschen in der Welt. Keinem Menschen ist es möglich, und dies gilt auch für die radikalsten Asketen, alles Handeln zu lassen. Selbst wenn der Mensch vollkommen ruhig in seiner Klosterzelle sitzen würde, so bedeutet dies doch auch Handeln, wenn auch ein Handeln ohne Bewegung. Solange der Mensch mit Körper und Geist in dieser Welt lebt, so lange muss er handeln. Nur durch äußere Bewegungslosigkeit kommt der Mensch Gott um keinen Schritt näher.

Der Weg nach innen im Rückzug von der Welt ist zentral und wichtig. Der Weg der Gottesgeburt im Menschen muss jedoch weitergehen, zurück in die Welt. Wenn Eckhart zum Rückzug von der Welt auffordert, so soll dieser äußere Rückzug in die Ruhe abgeschiedener Orte eine innere Ruhe und Stärke fördern, die dann mitten im liebenden Handeln in der Welt gelebt werden kann.

Die innere Ruhe im äußeren Handeln

In seiner unnachahmlichen Art erklärt Meister Eckhart den Übungsweg zu einem von innerer Ruhe getragenen Handeln in drei Stufen.

»Dass ein Mensch ein ruhiges und rastliches Leben in Gott hat, das ist gut; dass der Mensch ein mühevolles

Leben mit Geduld erträgt, das ist besser: aber dass man Ruhe habe im mühevollen Leben, das ist das Allerbeste.«[188]

Der Rückzug in die Ruhe des Klosters oder einer Kirche ist gut. Das aktive Leben mitten in der Welt ist besser. Die Perspektive des Übungsweges liegt jedoch in der inneren Ruhe im äußeren Handeln. Um hierher zu gelangen, gilt es, Schritt für Schritt vorzugehen.

Zunächst ist in Zurückgezogenheit die Beständigkeit des Geistes zu üben: »Der Mensch lerne zuerst, dass sein Herz beständig werde, dann wird er beständig in allen Werken.«[189] Die Ruhe der Klosterzelle und das dort praktizierte innere Üben fördert die Erfahrung des inneren *stilleswîgen*, die dann in das äußere Handeln hinausgetragen werden soll. Das innere Üben kann somit wie folgt weitergeführt werden:

»Achte darauf, wie du deinem Gott zugekehrt bist, wenn du in der Kirche bist oder in der Zelle: Diese selbe Gestimmtheit behalte und trage sie unter die Menge und in die Unruhe und in die Ungleichheit.«[190]

Der Mensch kehrt zurück an den Ort, von dem er aufgebrochen ist. Er kehrt zurück in seine Alltagswelt. Diese Welt des Alltags wird dann jedoch in ganz neuer Weise erfahren. Der Mensch lernt sein göttlich freies und geeintes »gemüete« in der »unruowe«, der »unglîcheit« der Welt zu leben, so dass er »mitten im Wirken ungebunden« ist.[191] Das neue Handeln unterscheidet sich von dem zu Beginn des Weges, indem es in einem neuen Geist gelebt wird. Derjenige, der die Ruhe des *stilleswîgen* nicht nur im Rückzug, sondern auch im Alltag erfährt, dessen Geist wird nicht mehr mitgerissen. Dies ist nur möglich, wenn der Mensch an nichts mehr festhält und so, nicht mehr getrieben, ungebunden mitten in der Welt zu leben vermag.

Dem inneren Üben folgt die Aktivität, wie die Aktivität das innere Üben zur Voraussetzung hat. Beides bildet für Eckhart eine unzertrennliche Einheit. In dieser Weise kann die innere Ruhe durch das äußere Handeln sogar gesteigert werden:

»Je mehr alle vernunftbegabten Kreaturen in ihren Werken aus sich selbst herausgehen, umso mehr gehen sie in sich (ein). Das ist bei körperlichen Kreaturen nicht so: je mehr sie wirken, umso mehr gehen sie aus sich selbst heraus.«[192]

Zur Klärung wird jedoch einschränkend betont, dass bei »körperlichen Kreaturen« diese Einheit der Gegensätze nicht zu finden ist. Wenn sie handeln, veräußerlichen sie sich immer stärker, da sie keine innere Ruhe besitzen. Ist sie jedoch schon vorhanden, wie beim vernünftigen Menschen, so wird sie durch Handeln in der Zeit immer mehr geübt und gestählt und zu immer tieferer Ruhe gesteigert.

Wie es gilt, dass das äußere Handeln die innere Ruhe fördert, gilt auch, dass größere Innerlichkeit zu immer größerer Offenheit nach außen führt: »Je nach der Edelkeit ihrer Natur, bietet sich jegliche Kreatur, je mehr sie in sich selbst einsitzt, umso mehr nach außen dar.«[193]

Der Meister erklärt dies an dem Unterschied zwischen einem Tuff- und einem Edelstein.[194] Der Edelstein ist im Gegensatz zum Tuff sehr differenziert in sich, er sitzt in sich selbst ein und »lugt« so erst über sich selbst hinaus. Gerade seine Innerlichkeit ist der Grund für sein Wirken nach außen. Genauso kann Eckhart sagen: »Je subtiler ein Ding ist, umso kräftiger ist es …«[195]

Was Meister Eckhart hiermit meint, versteht er an seinem Modell vom inneren und äußeren Werk deutlich zu machen.[196] Hiernach trägt das äußere Werk nichts zum inneren bei, ja es kann sogar das innere Werk verdecken. Allein auf das innere Werk kommt es Eckhart an. So wie ein Stein, selbst wenn er am Fallen gehindert würde, seine Schwerkraft nie verlöre, so hätte das innere Werk eines Menschen, selbst wenn er äußerlich nicht handeln würde, »ein Streben und Neigen zu allem Guten«.[197]

Wenn Eckhart vom inneren Werk spricht, ist damit keinesfalls nur die Absicht oder eine innere Haltung gemeint. Dies verdeutlicht folgende Definition: »… es (das innere Werk) nimmt den Sohn und wird als Sohn geboren in des himmlischen Vaters Schoß.«[198] Das innere Werk ist jenseits von Raum und Zeit zu finden,[199] es ist göttlich, ist eins mit dem lebendigen Gott. Das innere Werk ist die Gottesgeburt vom Aspekt des Handelns aus gesehen.

Eckhart negiert das äußere Werk, um seine Nichtigkeit gegenüber dem inneren aufzuzeigen. Das äußere Werk als das äußere Handeln in der Welt ist nichts wert, wenn es nicht vom inneren Werk getragen ist. Alles kommt darauf an, dass der Mensch sein äußeres Handeln für die Kraft des inneren Werkes, für die Kraft der Gottesgeburt öffnet:

»Er muss lernen, die Dinge zu durchbrechen und seinen Gott darin zu ergreifen und den kraftvoll in einer wesenhaften Weise in sich hineinbilden zu können.«[200]

Alles Denken und Handeln wird für den geübten innerlichen Menschen so zu einem Leben aus der wesenhaften Gotteserkenntnis. Gott wird zur Grundlage jeglichen Denkens und Handelns und dies nicht mehr nur als Gegenstand des natürlichen Glaubens, sondern in der konkreten Erfahrung, im existenziellen Vollzug des Lebens. Für diesen Menschen gilt: »Wer aber Gott recht in Wahrheit hat, der hat ihn an allen Stätten und auf der Straße und bei allen Leuten ebenso gut wie in der Kirche oder in der Einöde oder in der Zelle.«[201]

Der Mensch entwickelt das Auge, Gott überall zu entdecken, nicht nur in der Kirche oder Klosterzelle. Der in dieser Weise geübte Mensch erlangt eine Offenheit für die Göttlichkeit der Welt, in der sie ihm in einer vertieften Klarheit begegnet: »Aber die äußeren Erscheinungsformen sind den geübten Menschen nichts Äußerliches, denn alle Dinge haben für die innerlichen Menschen eine inwendige göttliche Seinsweise.«[202] Der Mensch erfährt Gott in gleicher Weise auch in allen Dingen der Welt, von der Küche bis zum Kuhstall. Wenn Eckhart davon spricht, Gott in allen Dingen zu erfahren, meint er somit keine abstrakte Einheitserfahrung. Es geht um das konkrete Handeln aus Liebe.

Das Üben liebenden Handelns

Erst im Handeln aus Liebe findet die Gottesgeburt im Menschen seine Erfüllung: »... der Mensch aber ist wahrhaft Sohn, der alle seine Werke aus Liebe wirkt.«[203] Der Mensch lebt nicht allein auf der Welt, sondern in der Gemeinschaft der Mitmenschen; und diese Mitmenschen bedürfen der liebenden Zuwendung. In dieser Weise ist auch der Übungsweg, der mit dem Rückzug und einem inneren Üben begonnen hat, jetzt beim Üben eines liebenden Handelns mitten in der Welt angekommen. Meister Eckhart schreibt in diesem Sinne:

»... wäre der Mensch so in Verzückung, wie's Sankt Paulus war, und wüsste einen kranken Menschen, der eines Süppleins von ihm bedürfte, ich erachtete es für weit besser, du ließest aus Liebe von der Verzückung ab und dientest dem Bedürftigen in größerer Liebe.«[204]

Die im Rückzug der Klosterzelle aufbrechenden Verzückungserfahrungen engen den Geist ein. Die Liebe dagegen öffnet. Sie öffnet den Blick für diejenigen Menschen, die in Not sind. Liebendes Handeln ist hierbei keinesfalls auf den konkreten Erfolg ausgerichtet. Es geht auch nicht darum, Verdienste zu erwerben. Für die zweckgerichtete Liebe wäre keine Übung notwendig. Die Übung besteht darin, im Handeln von allen ichbezogenen Zwecken loszulassen und sich so für ein Handeln aus der umfassenderen, göttlichen Kraft zu öffnen. Meister Eckhart erklärt dies in zunächst nur schwer zu verstehenden Worten:

»... ich will euch sagen, wie ich der Menschen gedenke: Ich befleißige mich, mich selbst und alle Menschen zu vergessen, und füge mich für sie in die Einheit.«[205]

Wie ist es möglich, aus Liebe zu handeln, wenn gleichzeitig gefordert wird, alle Menschen zu vergessen? Das natürliche Denken geht davon aus, dass liebendes Handeln gerade darin besteht, sich den Mitmenschen zuzuwenden. Obwohl dieses liebende Handeln »für sie«, das heißt für die notleidenden Menschen, erfolgt, erklärt Meister Eckhart, dass es nötig sei, sich selbst und alle Menschen zu vergessen. Eckhart spricht in diesem Sinne an anderer Stelle von einem Handeln, das »kein Warum« kennt.[206] Das liebende Handeln liebt um der Liebe willen. Hier gibt es keine äußeren Gründe des Handelns. Das Vergessen seiner selbst und aller Menschen bildet gleichsam die Voraussetzung der Öffnung für das Handeln aus der liebenden Kraft der Geburt Gottes im Menschen.

Um das zu verstehen, erweist sich das Bild vom Organismus als hilfreich, das der Meister an anderer Stelle aufführt: »... das Auge sieht nicht mehr für sich als für den Fuß, sondern gleichmäßig für sich und die einzelnen Körperteile.«[207] Eckhart beschreibt ein lebendiges Ganzes, in dem jeder Einzelne das Ganze ist, ohne seine Eigenständigkeit zu verlieren. Jedes einzelne Organ tritt, indem es für sich arbeitet, gleichzeitig auch für den ganzen Organismus ein. Eckhart weist auf die Perspektive eines

Handelns, in dem der Übende sich selbst und alle anderen Menschen vergisst, um dann alles wieder, jetzt aber in einer alle Menschen verbindenden, lebendigen Einheit, zurückzugewinnen.

Wenn die Perspektive des Handelns aus Liebe im Sinn eines organischen Handelns aus dem göttlichen Geist des Ganzen klar ist, dann wird auch deutlich, wie sich der Mensch in konkreter Übung auf diese Perspektive ausrichten kann. »Ihre (der Seele) eigene Ehre, ihren Nutzen und was immer das Ihre ist, das soll sie nicht mehr begehren noch beachten als das eines Fremden.«[208] Was für das innere Üben gesagt ist, kann in gleicher Weise auch für das Üben des liebenden Handelns gelten. Der Übende hat sich auf die konkrete Handlung zu sammeln, um dann jedoch von sich und den anderen, von seinen eigenen Absichten und auch von den Zwecken anderer, loszulassen, um so Gottesgeburt nicht nur in sich selbst, sondern in der Mitte der menschlichen Gemeinschaft lebendig werden zu lassen.

Das Ende des Übens

Wie bei jeder anderen Übung auch, beginnt auch bei Meister Eckhart alles Üben mit tatkräftigem Tun. Beim inneren Üben ist das Machen der Übung jedoch darauf ausgerichtet, das Loslassen von allem Machen zu üben. Um dies zu verdeutlichen, vergleicht Eckhart den Übungsweg mit einem Üben, wie man es vom Erlernen des Schreibens oder eines Instrumentes kennt.[209] Zu Beginn verlangt das Schreiben jedes Buchstabens größte Anstrengung, bis man dann nach langer Übungspraxis flüssig und ohne Mühe zu schreiben vermag.

Während der Prozess des Schreibenlernens auch von Automatismen geprägt ist, fallen die Parallelen aus dem Bereich der Musik weit stärker ins Auge. Auch hier besteht die Notwendigkeit, zu Beginn Tonleitern und Fingertechniken zu üben, was mit viel Bemühen und Machen verbunden ist. Wirkliches Musizieren geschieht dagegen erst dann, wenn die Musik ohne Machen zu fließen beginnt und ohne jegliche Mühe die Melodien erklingen. Um dies zu erreichen, musste der Musiker jedoch meist viele Jahre geübt haben. Gleiches gilt auch für den Weg des inneren Übens, der im Handeln aus Liebe mündet. Erst nach langer Übung kann gesagt werden: »Wer aber liebt, der kennt keine Mühe.«[210]

Wenn der Übende nichts mehr macht, dann ist auch das Ende des Übens erreicht, was Eckhart mit seinem Schiffsgleichnis aufzeigt:

»Habe ich Lust, übers Meer zu wollen, und hätte ich gern ein Schiff, so nur deshalb, weil ich gern übers Meer wollte; und sobald ich übers Meer gelange, bedarf ich des Schiffes nicht mehr.«[211]

Wie zu Beginn die Segel zu setzen sind, damit die Fahrt losgeht, so ist auch auf dem spirituellen Übungsweg aktiv ein Ort der Ruhe zu suchen, um sich vom äußeren und inneren Getriebe zu sammeln. Erst in dieser Sammlung wird es möglich, sich nach innen, in die Tiefe des göttlichen Lebens loszulassen. Wenn die Küste erreicht ist und das göttliche Leben der Gottesgeburt trägt, dann ist kein Schiff und auch kein Üben mehr notwendig.

Der Sinn des Schiffes liegt nicht im Schiff selbst, sondern darin, den Menschen übers Meer an die andere Küste zu bringen. Der Sinn der Übung liegt nicht in der Übung selbst, sondern in der Aufhebung der Übung. Hierzu ist jedoch viel Übung notwendig. Mit dem Ende des Übens scheint auch das Ende des spirituellen Weges erreicht, was Eckhart mit der Erfahrung immerwährender Freude zum Ausdruck bringt:

»Kann ein Ding die Menschen erfreuen und ein anderes sie betrüben, so sind sie nicht gerecht; vielmehr, wenn sie zu einer Zeit froh sind, so sind sie zu allen Zeiten froh, sind sie zu einer Zeit mehr und zur andern weniger froh, so sind sie unrecht daran.«[212]

Der Mensch scheint nach diesen Worten somit schon hier, mitten im irdischen Leben, die absolute, göttliche Freude ohne jegliches Leid erfahren zu können. Meister Eckhart wäre jedoch nicht er selbst, wenn nicht an anderer Stelle auch genau die gegenteilige Aussage zu lesen wäre:

»Daher sage ich, dass es noch nie einen Heiligen gegeben hat, noch dass es je einer erreichen kann, dass ihm Pein nicht weh täte und Liebes nicht wohl.«[213]

Auf der einen Seite spricht der Meister vom Erfahren

immerwährender göttlicher Freude und der Unabhängigkeit von weltlichem Glück und Leid. Auf der anderen Seite behauptet er, dass selbst der größte Heilige auch Schmerzen empfindet und sich an weltlichen Dingen erfreut.

Die gleiche Paradoxie findet man auch dort, wo Eckhart sich über die Möglichkeit des Erreichens der Gotteserfahrung äußert:

»Wer noch im Aufgang und Zunehmen an Gnade und Licht begriffen ist, der kam noch nie in Gott. Gott ist kein zunehmendes Licht: Wohl aber muss man durch Zunehmen zu ihm hingekommen sein.«[214]

Eckhart gesteht zwar zu, dass der übende Mensch durch Zunehmen der göttlichen Gnade zur Gotteserfahrung gelangt, die Erfahrung selbst kennt jedoch weder Aufgang noch Zunehmen. Und wiederum behauptet der Meister an anderer Stelle genau das Gegenteil. »In geistigen Dingen aber gibt es keine Sättigung; denn je mehr man von ihnen hat, umso mehr gelüstet man nach ihnen.«[215]

Gilt nun, dass Gott kein zunehmendes Licht ist und in seiner Absolutheit letztgültig am Ende des Weges erfahren werden kann? Oder ist von einem ständigen Wachsen in geistlichen Dingen auszugehen, genauso wie Eckhart an anderer Stelle auch davon spricht, dass »je mehr wir in nichts nach draußen lugen, umso viel werden wir im Sohn überbildet, und insoweit wird der Sohn in uns geboren«.[216]

Eckhart scheint sich zu widersprechen und entzieht sich ein weiteres Mal der Eindeutigkeit des klaren Ja oder Nein. Bis zuletzt gilt jedoch der schon zu Beginn formulierte Anspruch des Meisters an seine Schüler. Die Schale des natürlichen Denkens und Glaubens ist zu zerbrechen. Alle noch so brillant von Eckhart in seinen Predigten und Traktaten formulierten Worte sind doch immer nur als Schale zu verstehen. Dies gilt für seine Rede vom Ende des Übens wie von der immerwährenden Freude der Gotteserfahrung genauso wie auch für die Aussagen, in welchen er von einem nie endenden Wachsen auf dem spirituellen Weg spricht.

Der tiefere Sinn solches Sprechens leuchtet erst dann auf, wenn die Schale des natürlichen Denkens zerbricht und der Hörer oder Leser der Worte das in den Blick nimmt, worauf Eckhart weisen will, wenn seine Worte nicht mehr als Lehre, sondern als Wegweisung auf dem Weg der Gottesgeburt verstanden werden.

Das Ende des Übens geschieht nicht am Ende eines Lebensweges, sondern in der Erfahrung ursprünglichen Lebens im Hier und Jetzt. Mit dem Ende des Übens beginnt das sich aller Machbarkeit und Erreichbarkeit entziehende Leben Gottes den Menschen in den Tiefen seiner Existenz zu tragen. Der Übende wird dann, wenn er aufhört zu üben, ohne Warum getragen von immerwährender göttlicher Freude und kann sich so erst mit neuer Intensität auf das Leiden der äußeren Welt einlassen. Das Ende des Übens eröffnet in dieser Weise auch die Lebendigkeit des ewigen Gebärens Gottes in den Tiefen menschlicher Existenz, für das sich der Mensch ohne Ende öffnen und darin wachsen kann.

AUSBLICKE

1. Vom Lesemeister zum Lebemeister

Wie ist es möglich, den Weg der Gottesgeburt im Menschen zu lehren, und dies nicht nur im Mittelalter, sondern auch, heute zu Beginn des 21. Jahrhunderts? Eckhart selbst nennt eine unabdingbare Voraussetzung: »Wer lehrt oder ins Licht setzt, muss also durch sein Leben innen leuchten.«[217] Es reicht für den Lehrer spiritueller Wege nicht aus, nur Vorlesungen zu halten, ein »Lesemeister« zu sein. Da es ihm nicht um eine Steigerung der Fähigkeiten rationaler Analyse, sondern um die Förderung einer Veränderung des Menschen hin zur Öffnung für die Gottesgeburt geht, spricht Eckhart von dem »Lebemeister«, der die Wahrheit ursprünglichen Lebens nicht nur »hat«, sondern ihr »gleicht« und letztlich Wahrheit in Wahrhaftigkeit »ist«.[218] Der Lebemeister lehrt nicht nur die »vernünftige Wahrheit« der Begriffe, sondern lebt die »lebendige Wahrheit« in seinem Leben.[219] Oder einfacher ausgedrückt: Der Lebemeister lebt, was er lehrt.

Aber wie ist ein solcher Lebemeister zu erkennen? Eckhart äußert sich hierüber wie folgt:

»Wenn daher der Mensch ihn (Gott) selbst und alle Dinge liebt und alle Werke wirkt nicht um Lohn, um Ehre oder Gemach, sondern nur um Gott und Gottes Ehre willen, so ist das ein Zeichen, dass er Gottes Sohn ist.«[220]

An anderer Stelle relativiert der Meister jedoch gleich wieder solche Aussagen und behauptet sogar die Unerkennbarkeit der göttlichen Liebe im gottgeborenen Menschen:

»Die Stätte des Wesens der Liebe ist allein im Willen; wer mehr Willen hat, der hat auch mehr Liebe. Aber wer davon mehr habe, das weiß niemand vom andern; das liegt verborgen in der Seele, dieweil Gott verborgen liegt im Grunde der Seele.«[221]

Obwohl der Mensch alle seine Werke um Gottes Willen wirkt, ist für den Betrachter nur die äußere Handlung zu erkennen, nicht aber der Geist, in welchem der Mensch handelt. Dieser göttliche Geist ist verborgen in der Seele.

Die Gottesgeburt im Menschen bleibt von außen nicht greifbar. Dennoch scheint gerade vom Lebemeister Eckhart eine faszinierende Wirkung ausgegangen zu sein, wie aus Zeugnissen seiner Zeitgenossen zu ersehen ist. So wird von Heinrich Seuse berichtet, dass er durch Eckhart von schwerer Seelenpein erlöst wurde: »Do kom er zuo den heiligen meister Egghart unt klaget im sin liden.

Dar half im dur von und also ward er erloeset von der helle, da er so lange was inne gewesen.«[222] Bruder Johannes schreibt von Eckhart als einem »heiligen« und »hohen« Meister, der die Menschen zu »gotlichen tugenden« führt.[223]

Erwähnung findet Eckhart auch in einer Lebensbeschreibung der Nonne Anna von Ramschwag, die Meister Eckhart drei Mal getroffen hatte. Die Autorin berichtet, dass Anna ihr noch auf dem Sterbebett von diesen Begegnungen erzählte: »Was ihr diese drei Mal widerfuhr, das sagte sie mir, und dieses war von gar so hohen und unbegreiflichen Dingen, dass ich sie wenig verstand, und es ist mein Mangel, dass ich leider nicht das Licht habe, in dem ihr das zu verstehen und zu empfinden und zu genießen gegeben war.«[224] Was ihr in den Begegnungen widerfuhr, das konnte die Schreiberin selbst nicht verstehen. Es waren jedoch Begegnungen mit einem Lebemeister, die das Leben der Anna von Ramschwag in der Tiefe zu verändern vermochten.

Hinweise zu Begegnungen mit Meister Eckhart findet man dann vor allem in den Legenden, die nach Eckharts Tod entstanden sind.[225] Auch hier wird von Eckhart als dem Lebemeister berichtet, der es verstand, die Menschen in ihrer Tiefe zu berühren. Eine dieser Legenden zeigt jedoch noch eine ganz andere Seite des Meisters. So wird überliefert, dass Eckhart einmal einer allem äußeren Anschein nach unscheinbaren Schwester begegnet war. Als er sie fragte, wer sie denn sei, antwortete die Schwester:

»Von alledem miteinander bin ich keines und bin ein Ding und laufe so dahin.« Und doch soll der Meister daraufhin zu seinen Brüdern gesagt haben: »Ich habe den allerlautersten Menschen vernommen, den ich je gefunden habe, wie mich dünkt.«[226]

Eckhart spricht mit der Rede vom Lebemeister von einem Meister des Lebens. Sicher ist Eckhart selbst als der Gelehrte aus Paris auch als ein solcher Meister in den Nonnenklöstern empfangen worden. Die Legende zeigt dann jedoch ein ganz anderes Bild als das, was man normalerweise von einem Meister erwarten würde. Eckhart wird nicht als Meister dargestellt, der anderen den Weg weist. Ganz im Gegenteil, er wird von einer dem äußeren Anschein nach unscheinbaren Schwester belehrt.

Es ist zu vermuten, dass es sich beim Lebemeister nicht um einen Meister im herkömmlichen Verständnis des Wortes handelt. Der Lebemeister ist kein Meister, zu dem der Schüler aufblickt und den er verehrt. Auch hier gilt es, die Schale des natürlichen Denkens zu zerbrechen. Der Lebemeister lebt, was er lehrt, aber letztlich weist der Lebemeister auf noch viel mehr. Der Lebemeister der Mystik zeigt sich eher als Wegbegleiter, der wichtige Impulse geben kann. Vielleicht besteht die Meisterschaft im göttlichen Leben darüber hinaus sogar darin, nicht nur andere zu belehren, sondern auch alle anderen Menschen als Lehrer erkennen zu können, um selbst auf dem Weg der Gottesgeburt immer tiefer wachsen zu können.

2. Von der Schale zum Fruchtkern

Meister Eckhart versuchte in seinem unvollendeten lateinischen »Dreigeteilten Werk« (»opus tripartitum«) eine systematische Darstellung seiner Lehre zu geben. Eine von ihm selbst verfasste Gliederung im ersten Teil zeigt, wie er sich sein System vorstellte. Bei dieser Gliederung und verschiedenen Versuchen, einzelne Kapitel auch auszuarbeiten, sollte es letztendlich bleiben. Eine systematische Aufarbeitung christlicher Lehre, wie sie einige Jahrzehnte vor Eckhart seinem Ordensbruder Thomas von Aquin in seiner »Summa theologiae« gelungen war, ist bei Meister Eckhart nicht zu finden.

Das Scheitern dieses von Eckhart angekündigten Projektes hat zu Beginn der modernen Eckhart-Forschung bei Heinrich Denifle oder Martin Grabmann zu einer abwertenden Haltung gegenüber seinem Werk geführt. Die mangelnde Systematik sahen sie darin begründet, dass

Eckhart einfach ein schlechter Scholastiker gewesen sei. Als es dann später darum ging, den Meister zu rehabilitieren, wollten Forscher wie Heribert Fischer bei Eckhart doch eine »wohlüberlegte logische Systematik im ganzen Werk«[227] erkennen. Ernst von Bracken stellte sogar ein »präzise ausgearbeitetes philosophisches und theologisches System« fest.[228] Solche Interpretationen waren dann jedoch bald nicht mehr zu halten.

Selbst wenn Meister Eckhart die Absicht gehabt haben sollte, den damals an ihn als Professor an der Pariser Universität herangetragenen Anforderungen zu entsprechen, so ist heute doch zuzugeben, dass sein ursprüngliches Vorhaben gescheitert ist, die christliche Theologie in einem System zur Darstellung zu bringen. Vielleicht musste sein Vorhaben sogar scheitern, da für Eckhart etwas weit Größeres Bedeutung erlangte.

Dietmar Mieth gibt hier einen wichtigen Hinweis, wenn er bei Eckhart das »Fragmentarische« zum Prinzip erhoben sieht. Eckhart war, nach Mieth, kein Systematiker, und dies nicht deswegen, weil er nicht fähig gewesen wäre, klar zu denken. Eckhart wollte jedes systematische Denken übersteigen.[229] Auch Bernhard Welte betrachtete Eckharts theoretisches Denken nur als Grundlage, über die sich der »mystische Gedanke« erhebt. Für Welte entwickelte Eckhart aus den Theorien heraus den ihm viel wichtigeren »Lebensvollzug«.[230] Auch die Interpretation von Josef Quint sollte hier nicht verschwiegen werden, für den Eckhart die Grenzen eines systematischen Gedankengebäudes gesprengt hat, indem er Theologie und Philosophie auf ihre letztendliche Unbegreifbarkeit weiterdachte und so »zu einem der gewaltigsten Sprachschöpfer in deutscher Zunge« wurde.[231] Nun sind in den Texten Meister Eckharts durchaus systematisch durchdachte Gedankenmodelle zu finden. Eckhart selbst betonte ja bekanntlich, wie wichtig »zu Beginn notwendig Überlegung und ein aufmerksames Einprägen« sei. Für ihn blieb klar, dass systematisches Denken leichter zu verstehen war. Diese Chance, einen ersten Zugang zu erlangen, wollte er seinen Schülern nicht verwehren. Das, was dem Meister jedoch am Herzen lag, konnte durch die systematische Darstellung christlicher Lehre, und sei sie auch noch so schlüssig und überzeugend, nicht in den Blick kommen.

In seinem berühmten Bild vergleicht Eckhart die systematischen Konzepte des natürlichen Denkens mit einer Schale. Eckhart mag hier die Schale einer Nuss im Blick gehabt haben, die den Fruchtkern umschließt und ihn so schützt. In gleicher Weise geben die systematischen Erklärungen des natürlichen Denkens und Glaubens dem Menschen Halt, Sicherheit und Orientierung.

Das Bild von der Schale kann im Anschluss an Eckhart durchaus weiter gedacht werden. Wie Schalen ein perfektes Aussehen haben können, so wurden in der Geschichte der Menschheit immer wieder perfekt anmutende philosophische wie auch theologische Systeme entworfen, in welchen Gott, der Mensch und auch die Welt überzeugend erklärt werden. Wie es allerdings nicht nur Walnüsse gibt, sondern auch Haselnüsse oder Erdnüsse, entstanden auch unterschiedliche Konzepte und Theorien. Darüber hinaus schätzen verschiedene Menschen oft jeweilig unterschiedliche Nüsse. Ganz parallel halten auch in der Philosophie die einen die Philosophie Platons, die anderen die des Aristoteles und wieder andere das Kant'sche Denken für den überzeugendsten Ansatz. Insbesondere bei den Schülern der jeweiligen Philosophen sind dann immer wieder auch manche »Verschalungen« festzustellen, wenn die Lehre des Meisters zur einzigen Wahrheit erhoben wird. Auch Theologien und Religionen können so in ihren fundamentalistischen Ausprägungen zu allein seligmachenden Heilslehren verschalen. Abweichende Lehren werden dann zur Häresie und Ketzerei erklärt. Hier gibt die Schale nicht nur Halt und Sicherheit, sondern sie verdeckt den die Schale schützenden Fruchtkern. Die päpstliche Verurteilungsschrift gibt ein Zeugnis der kirchlichen Verschalung zu Beginn des 14. Jahrhunderts.

Schalen sind wichtig und notwendig, sie machen jedoch bei Weitem nicht die ganze Frucht aus. Meister Eckhart nützt die Schale. Er sieht die Schale der Theorien, der Konzepte und der Lehren jedoch als Gleichnisse, die auf eine weit umfassendere Wahrheit weisen. Wie, bei all ihrer Bedeutung, für die Nuss das Wesentliche doch nicht in ihrer Schale zu finden ist, so ist das Wesentliche der mystischen Philosophie Eckharts nicht in seinen Konzepten zu erfassen.

Um zum Fruchtkern vorzudringen, gilt es, die Schale zu zerbrechen. Die Lehre wandelt sich zur Wegweisung. Eckhart nimmt mit dem natürlichen Denken Anlauf, durchbricht dann jedoch mit seinen zahllosen Paradoxien jede Systematik. Die Wegweisung Meister Eckharts kann als Weg von der Schale zum Fruchtkern verstanden werden, durch den der Mensch nicht nur begreift, was Gottesgeburt im Menschen bedeutet. Eckhart weist den Weg zum konkreten Erfahren, zum Leben des Gebären Gottes in den Tiefen der eigenen Existenz. In seinen Wegweisungen zum Fruchtkern der christlichen Philosophie und Theologie erweist sich Meister Eckhart als einer der größten Meister, die das Christentum je hervorgebracht hat.

In diesem Sinn schrieb Erwin Waldschütz abschließend zu seiner Eckhart-Interpretation: »Sie (seine Arbeit) soll überflüssig werden im Lesen der Texte Meister Eckharts selbst.«[232] Denkt man diesen Gedanken weiter, so haben letztlich auch die Texte Eckharts überflüssig zu werden. Sie bilden eine Sprungschanze des Denkens, die uns, selbst nach über einem halben Jahrtausend, wichtige Leitlinien an die Hand gibt und Perspektiven aufzeigt. Aber auch von dieser Sprungschanze gilt es loszulassen und abzuspringen, um so den Weg der Gottesgeburt auch in uns zu einer lebendigen Erfahrung werden zu lassen.

Literaturverzeichnis

1. Textausgaben

Meister Eckhart: Die deutschen und lateinischen Werke, hrsg. im Auftrage der Deutschen Forschungsgemeinschaft,

–: Die Deutschen Werke (DW), hrsg. u. übers. von Josef Quint u. Georg Steer, Stuttgart u.a. 1936 - 2016.

–: Die lateinischen Werke (LW), hrsg. und übers. von Konrad Weiß, Loris Sturlese, Heribert Fischer, Josef Koch, Karl Christ, Ernst Benz, Bernhard Geyer, Markus Vincent, Stuttgart u.a. 1936ff.

Meister Eckehart: Deutsche Predigten und Traktate (DPT), hrsg. und übersetzt von Josef Quint, München 1955.

Meister Eckhart: Deutsche Mystiker des 14. Jahrhunderts, Bd. II (Pf), hrsg. von Franz Pfeiffer, Leipzig 1857.

Meister Eckeharts Schriften und Predigten, hg. v. Hermann Büttner, 2 Bde., Jena 1903.

Meister Eckhart: Werke, hg. v. Nikolaus Largier, 2 Bde., Frankfurt a. M. 2008.

2. Sekundärliteratur

Albert, Karl: Meister Eckhart über das Schweigen, in: Acta Universitatis Tamperensis Ser. A Vol.183, Festschrift für Lauri Seppänen, Tampere 1984, S. 301-309.

–: Zur philosophischen Mystik Meister Eckharts, in: Perspektiven der Philosophie (19), 1993, S. 157-175.

–: Betrachtungen zur Geschichte der Philosophie, Teil 2: Meister Eckhart und die Philosophie des Mittelalters, Dettelbach 1999.

Baader, Franz von: Sämtliche Werke, hrsg. von Franz Hoffmann u. a., Bd. 15, Leipzig 1857.

Bäumer, Regina u. Plattig, Michael: Aufmerksamkeit ist das natürliche Gebet der Seele. Geistliche Begleitung in der Zeit der Wüstenväter und der personzentrierte Ansatz nach Carl R. Rogers – eine Seelenverwandtschaft?!, Würzburg 1998.

Beierwaltes, Werner: Denken des Einen: Studien zur neuplatonischen Philosophie und ihrer Wirkungsgeschichte, Frankfurt a.M. 2016².

Bernhart, Joseph: Die philosophische Mystik des Mittelalters von ihren antiken Ursprüngen bis zur Renaissance, München 1922.

Bihlmeyer, Karl: Heinrich Seuse, Deutsche Schriften, Stuttgart 1907.

Bloch, Ernst: Atheismus im Christentum, Frankfurt 1968.

Bracken, Ernst von: Meister Eckhart, Legende und Wirklichkeit, Meisenheim am Glan 1972.

Bundschuh, Adeltrud: Die Bedeutung von gelassen und die Bedeutung von der Gelassenheit in den deutschen Werken Meister Eckharts unter Berücksichtigung seiner lateinischen Schriften, Bern 1990.

Coomeraswamy, Ananda K.: The Transformation of Nature in Art, New York 1956 (orig. 1934).

Degenhardt, Ingeborg: Studien zum Wandel des Eckhartbildes, Leiden 1967.

Dempf, Alois: Meister Eckhart, Freiburg (Br.) 1960.

Denifle, Heinrich: Meister Eckharts lateinische Schriften und die Grundanschauung seiner Lehre, in: Archiv für Kirchen- und Literaturgeschichte des Mittelalters, Bd. II, Freiburg (Br.) 1886, S. 417-615.

Feuerstein, Georg: Meister Eckhart und ›östliche Mystik‹, in: Freiheit und Gelassenheit, Meister Eckhart heute, Hrsg.: Udo Kern, München/Mainz 1980, S. 190-219.

Fischer, Heribert: Meister Eckhart, Freiburg/München 1974.

Flasch, Kurt: Die Intention Meister Eckharts, in: Sprache und Begriff, Festschrift für Bruno Liebrucks, Meisenheim am Glan 1974.

–: Meister Eckhart – Versuch, ihn aus dem mystischen Strom zu retten, in: Peter Koslowski (Hrsg.): Gnosis und Mystik in der Geschichte der Philosophie, Zürich/München 1988a, S. 94-109.

–: Meister Eckhart und die „Deutsche Mystik". Zur Kritik eines historiographischen Schemas, in: Olaf Pluta (Hrsg.): Die Philosophie im 14. und 15. Jahrhundert, Amsterdam 1988b, S. 439-463.

–: Meister Eckhart. Philosoph des Christentums, München 2010.

Fräntzki, Ekkehard: Die Abgeschiedenheit. Zur Grundstellung des Meister Eckhartschen Denkens, in: Ekkehard Fräntzki: Zugänge in die Sache des Denkens, Pfaffenweiler 1988, S. 25-47.

Fromm, Erich: Haben oder Sein. München: 2010[37].

Fues, Wolfram Malte: Mystik als Erkenntnis? Kritische Studien zur Meister-Eckhart-Forschung, Bonn 1981.

Glöckner, Richard: Meister Eckhart – Philosoph und Mystiker des Christentums. Aus den deutschsprachigen Predigten und Traktaten. Texte und Interpretationen, Berlin 2018.

Grabmann, Martin: Neuaufgefundene Pariser Quästionen Meister Eckharts und ihre Stellung in seinem geistigen Entwicklungsgange, in: Abhandlungen der Bayerischen Akademie der Wissenschaften, 32. Bd., 7. Abhandlung, München 1927.

Grün, Anselm u. Dufner Meinrad: Gesundheit als geistliche Aufgabe, Münsterschwarzach 1989.

Grundmann, Herbert: Religiöse Bewegungen im Mittelalter, Berlin 1935.

Guerizoli, Rodrigo: Die Verinnerlichung des Göttlichen. Eine Studie über den Gottesgeburtszyklus und die Armutspredigt Meister Eckharts, Leiden 2006.

Haas, Alois M.: Nim din selbes war, Studien von der Lehre von der Selbsterkenntnis bei Meister Eckhart, Johannes Tauler und Heinrich Seuse, Freiburg (Schweiz) 1971.

–: Meister Eckhart als normative Gestalt geistlichen Lebens, Einsiedeln 1979a.

–: Sermo mysticus, Freiburg (Schweiz) 1979b.

–: Meister Eckharts geistliches Predigtprogramm, in: ders.: Geistliches Mittelalter, Freiburg 1984, S. 317-337.

–: Was ist Mystik? in: Kurt Ruh (Hrsg.): Abendländische Mystik im Mittelalter. Symposion Kloster Engelberg, Stuttgart 1984, S. 319-341.

–: Meister Eckhart als Gesprächspartner östlicher Religionen, in: Freiburger Zeitschrift für Philosophie und Theologie (34), 1987, S. 131-145.

–: Gottleiden – Gottlieben, Frankfurt 1989.

– u. Binotto, Thomas: Meister Eckhart der Gottsucher. Aus der Ewigkeit ins Jetzt, Freiburg i. Br. 2013.

Halder, Alois: Das Viele, das Eine und das ›Selbst‹ bei Meister Eckhart, in: Dieter Henrich (Hrsg.): All-Einheit. Wege eines Gedankens in Ost und West, Stuttgart 1985, S. 115-135.

Heidegger, Martin: Der Satz vom Grund, Pfullingen 1957.

–: Brief an Jaspers vom 12.8.1949, in Walter Biemel und Hans Saner (Hg.): Heidegger, Martin/Jaspers, Karl: Briefwechsel 1920–1963, Frankfurt/ München/Zürich 1992, S.181-182.

Hödl, Ludwig: Meister Eckharts theologische Kritik des reinen Glaubensbewusstseins, in: Freiheit und Gelassenheit, Hrsg.: Udo Kern, München/Mainz 1980, S. 34-52.

–: Umkehr und Buße in der mittelalterlichen Theologie der thüringischen Magister Witelo und Eckhart, in: Theologie zwischen Zeiten und Kontinenten, hg. v. Theodor Schneider u. Helen Schüngel-Straumann, Freiburg i. Br. 1993, S. 98-114.

Hühnerfeld, Paul: Glauben mit und ohne Christus. Neue Schriften von Gabriel Marcel und Martin Heidegger, Die Zeit, 12 (1950), S. 11.

–: In Sachen Heidegger. Versuch über ein deutsches Genie, München 1961.

Imbach, Ruedi: Deus est intelligere, Das Verhältnis von Sein und Denken in seiner Bedeutung für das Gottesverständnis bei Thomas von Aquin und in den Pariser Quästionen Meister Eckharts, Freiburg (Schweiz) 1976.

Jäger, Willigis: Kontemplation, Salzburg 1982.

–: Kontemplation - Der mystische Gebetsweg der Christen, in: Meditieren - wie und wo, hg. v. Peter Raab, Freiburg i. Br. u.a. 1995, S. 21-53.

Johne, Karin: Einübung in christliche Mystik. Ein Kursus mit Meister Eckehart, Graz/Wien/Köln 1991.

Jung, Christian: Meister Eckharts philosophische Mystik, Marburg 2010.

–: Meister Eckharts Mystik im Spannungsfeld von Rhetorik, Philosophie und Spiritualität, in: Wolfgang Achtner (Hg.): Mystik als Kern der Weltreligionen? Eine protestantische Perspektive, Freiburg (Schweiz) 2017, 83-107.

Jung, Carl Gustav: Psychologische Typen. Gesammelte Werke Bd. 6, Zürich 1960[9].

Karrer, Otto: Meister Eckhart, Das System seiner religiösen Lehre und Lebensweisheit, München 1926.

Kern, Udo: Eckharts Intention, in: Freiheit und Gelassenheit, Hrsg.: Udo Kern, München/Mainz 1980. S. 24-33.

–: Gottes Sein ist mein Leben. Philosophische Brocken bei Meister Eckhart, Berlin 2003.

Kobusch, Theo: Mystik als Metaphysik des moralischen Seins. Bemerkungen zur spekulativen Ethik Meister Eckharts, in: Kurt Ruh (Hrsg.): Abendländische Mystik im Mittelalter. Symposion Kloster Engelberg, Stuttgart 1984, S. 49-62.

Kunisch, Hermann: Versuch über Eckharts religiöse Persönlichkeit, in: Meister Eckhart der Prediger, Hrsg.: Udo M. Nix u. Raphael Öchslin, Freiburg (Br.) 1960, S.104-148.

Langer, Otto: Mystische Erfahrung und Spirituelle Theologie. Zu Meister Eckharts Auseinandersetzung mit der Frauenfrömmigkeit seiner Zeit, München 1987.

Largier, Nikolaus: Bibliographie zu Meister Eckhart, Freiburg (Schweiz) 1989.

Lengsfeld, Peter (Hg.): Mystik – Spiritualität der Zukunft. Erfahrung des Ewigen, Freiburg. i.Br. u.a. 2005.

Leuschner, Joachim: Deutschland im späten Mittelalter, Göttingen 1975.

Manstetten, Reiner: Esse est deus: Meister Eckharts christologische Versöhnung von Philosophie und Religion und ihre Ursprünge in der Tradition des Abendlandes, Freiburg i. Br. 1993.

Margreiter, Reinhard: Mystik zwischen Literalität und Oralität, in: Klaus Jacobi (Hrsg.): Meister Eckhart: Lebensstationen – Redesituationen, Berlin 1997.

McGinn, Bernard: Die Mystik im Abendland, Band 4: Fülle. Die Mystik im mittelalterlichen Deutschland (1300–1500). Herder, Freiburg i.Br. 2008.

Mieth, Dietmar: Die Einheit von Vita activa und Vita contemplativa in den deutschen Predigten und Traktaten Meister Eckharts und bei Johannes Tauler, Regensburg 1969.
–: Meister Eckhart, München 2014.
–: Meister Eckhart, Authentische Erfahrung als Einheit von Denken, Sein und Leben, in: Das »einig ein«, Hrsg.: Alois M. Haas, Heinrich Stirnimann, Freiburg (Schweiz) 1980, S. 11-61.
–: Die theologische Transposition der Tugendethik bei Meister Eckhart, in: Kurt Ruh (Hrsg.): Abendländische Mystik im Mittelalter. Symposion Kloster Engelberg, Stuttgart 1984, S. 63-79.
–: Vom Atmen der Seele: Aus den Traktaten und Predigten, Stuttgart 2014.

Mojsisch, Burkhard: Meister Eckhart: Analogie, Univozität und Einheit, Hamburg 1983.

Muschg, Walter.: Die Mystik in der Schweiz, Frauenfeld/Leipzig 1935.

Otto, Rudolf: West-östliche Mystik, Gotha 1926.

Panzig, Erik A.: Gelâzenheit und abegescheidenheit. Eine Einführung in das theologische Denken des Meister Eckhart, Leipzig 2005.

Philippe, Paul: L'Oraison dominicaine au XIIIe siècle, in: La Vie Spirituelle. Supplément no 4, 1948, S. 424-454.

Plattig, Michael: Unterscheidung der Geister, in: Institut für Spiritualität Münster (Hg.): Grundkurs Spiritualität, Stuttgart 2000, S. 228-247.

Quint, Josef: Mystik und Sprache, in: Deutsche Vierteljahresschrift für Literaturwissenschaft und Geistesgeschichte, 1953 (27), S. 48-76.

Rahner, Karl: Frömmigkeit früher und heute, in: Ders.: Schriften zu Theologie, Bd. VII, Einsiedeln, Zürich, Köln 1966, S. 11-31.

Rosenberg, Alfred: Der Mythus des 20. Jahrhunderts, München 1933[5].

Ruh, Kurt: Mystische Spekulation in Reimversen des 14. Jhds., in: Beiträge zur weltlichen und geistlichen Lyrik des 13. bis 15. Jhds, Berlin 1973, S. 205-231.

–: Meister Eckhart und die Spiritualität der Beginen, in: Perspektiven der Philosophie, Hildesheim, Amsterdam 1982[8], S. 323-334.

– (Hg.): Abendländische Mystik im Mittelalter, Stuttgart 1986.

–: Meister Eckhart. Theologe – Prediger – Mystiker, München 1989[2].

–: Geschichte der abendländischen Mystik Bd. III, München 1996.

Schaller, Toni: Die Meister-Eckhart-Forschung von der Jahrhundertwende bis zur Gegenwart, in: Freiburger Zeitschrift für Philosophie und Theologie, Freiburg (Schweiz) 1968 (15), S. 262-361; S. 403-426.

–: Zur Eckhart-Deutung der letzten 30 Jahre, in: Freiburger Zeitschrift für Philosophie und Theologie, Freiburg (Schweiz) 1969 (16), S. 22-39.

Schopenhauer, Arthur: Der handschriftliche Nachlaß in fünf Bänden, hg. v. Arthur Hübscher, Band 4/2, München 1985.

Silesius, Angelus: Cherubinischer Wandersmann, hg. v. Louise Gnädinger. Stuttgart 1985.

Spamer, Adolf (Hrsg.); Texte aus der deutschen Mystik des 14. und 15. Jahrhunderts, Jena 1912.

Stachel, Günter: Die Reden der Unterweisung Meister Eckharts, in: Albert Biesinger und Werner Tzscheetzsch (Hrsg.): Das Geheimnis erspüren – zum Glauben anstiften, Basel, Wien 1989, S. 34-56.

Steer, Georg: Meister Eckharts Predigtzyklus von der ewigen Geburt. Mutmaßungen über die Zeit seiner Entstehung, in: Deutsche Mystik im abendländischen Zusammenhang. Neu erschlossene Texte, neue methodische Ansätze, neue theoretische Konzepte. Kolloquium Kloster Fischingen 1998, hg. v. Walter Haug und Wolfram Scheider-Lastin, Tübingen, S. 253-281.

Stirnimann: Heinrich, u. Imbach, Ruedi (Hrsg.): Eckardus Theutonicus, homo doctus et sanctus. Nachweise und Berichte zum Prozess gegen Meister Eckhart, Freiburg 1992.

Sudbrack, Josef: Meister Eckhart heute; Fragen, Thesen, Impulse, in: Meister Eckhart heute, Hrsg.: Wolfgang Böhme, Karlsruhe 1980, S. 71-102.

–: Das wahre Wort der Ewigkeit wird in der Einsamkeit gesprochen. Meister Eckharts Seinsmystik und die Erfahrung der Wüste, Würzburg 1989.

Tauler, Johannes: Die Predigten Taulers, hg. v. Ferdinand Vetter, Berlin 1910.

Trusen, Winfried: Der Prozess gegen Meister Eckhart. Vorgeschichte, Verlauf und Folgen, Paderborn 1988.

Ueda, Shizuteru: Die Gottesgeburt in der Seele und der Durchbruch zur Gottheit. Die mystische Anthropologie Meister Eckharts und ihre Konfrontation mit der Mystik des Zen-Buddhismus, Gütersloh 1965.

–: Meister Eckharts Predigten. Ihre ›Wahrheit‹ und ihre geschichtliche Situation, in: Kurt Ruh (Hrsg.): Abendländische Mystik im Mittelalter. Symposion Kloster Engelberg, Stuttgart 1984, S. 33- 48.

–: Das Problem der Sprache in Meister Eckharts Predigten, in: Elenor Jain u. Reinhard Margreiter (Hrsg.): Probleme philosophischer Mystik, St. Augustin 1991, S. 95-108.

Vannier, Marie-Anne: Die Gottesgeburt in der Seele in Eckharts Straßburger Predigten, in: Quero-Sanchez, Andres u. Steer, Georg (Hg.): Meister Eckharts Straßburger Jahrzehnt, Meister-Eckhart-Jahrbuch (2), 2008, S. 299-310

Vetter, Ferdinand: Das Leben der Schwestern zu Töss, Berlin 1906.

Völker, Ludwig: Gelassenheit. Zur Entstehung des Wortes in der Sprache Meister Eckharts und seiner Überlieferung in der nacheckhartschen Mystik bis Jakob Böhme, in: Getempert und gemischet, Festschrift für Wolfgang Mohr, Göppingen 1972, S. 281-312.

Waldschütz, Erwin: Meister Eckhart. Eine philosophische Interpretation der Traktate, Bonn 1978.

–: Denken und Erfahrung des Nichts bei Meister Eckhart, in: P. Kampits u. a. (Hrsg.): Wahrheit und Wirklichkeit, Berlin 1983, S. 169-192.

–: Denken und Erfahren des Grundes. Zur philosophischen Deutung Meister Eckharts, Wien u. a. 1989.

–: Probleme philosophischer Mystik am Beispiel Meister Eckharts, in: Elenor Jain u. Reinhard Margreiter (Hrsg.): Probleme philosophischer Mystik, St. Augustin 1991, S. 71-92.

Weiß, Konrad: Die Seelenmetaphysik bei Meister Eckhart, in: Zeitschrift für Kirchengeschichte (52), 1933, S. 467-524.

–: Meister Eckhart der Mystiker, in: Freiheit und Gelassenheit, Meister Eckhart heute, Hrsg. Udo Kern, München/Mainz 1980, S. 97-102.

Welte, Bernhard: Meister Eckhart, Gedanken zu seinen Gedanken, Freiburg (Br.) 1979.

–: Der mystische Weg des Meister Eckhart und sein spekulativer Hintergrund, in: Freiheit und Gelassenheit, Meister Eckhart heute, Hrsg.: Udo Kern, München/Mainz 1980, S. 97-101.

Wilde, Mauritius: Das neue Bild vom Gottesbild. Bild und Theologie bei Meister Eckhart, Freiburg (Schweiz) 2000.

Winternitz, Moriz: Geschichte der indischen Litteratur, Leipzig 1908.

Witte, Karl-Heinz: Von Straßburg nach Köln: Die Entwicklung der Gottesgeburtslehre Eckharts in den Kölner Predigten, in: Quero-Sanchez, Andres u. Steer, Georg (Hg.): Meister Eckharts Straßburger Jahrzehnt, Meister-Eckhart-Jahrbuch (2), 2008, S. 65-94

Wolz-Gottwald, Eckard: Meister Eckhart und die klassischen Upanishaden, Würzburg 1984.

–: Meister Eckhart oder Der Weg zur Gottesgeburt im Menschen. Eine Hinführung, Gladenbach 1985.

–: Übung und Gnade auf dem Weg zur Gottesgeburt bei Meister Eckhart, in: Freiburger Zeitschrift für Philosophie und Theologie (34), 1987, S. 147-159.

–: Das Phänomen des ›geistigen Todes‹ bei Yâjñavalkya und Meister Eckhart, in: Zeitschrift für Religions- und Geistesgeschichte (40), 1988, S. 251-258.

–: Theologie und spirituelle Erfahrung. Zur Entwicklung spiritueller Theologie der Gegenwart, in: Theologie der Gegenwart (35,4), 1992, S. 280-293.

–: Übung ohne Weise. Zur spirituellen Praxis bei Meister Eckhart, in: Wort und Antwort (38), 1997, S. 74-78.

–: Die Mystik der Computergraphik. Neue Wege der Eckhart-Interpretation, in: Edith Stein-Jahrbuch (5) 1999a, S. 273-285.

–: Transformation der Phänomenologie. Zur Mystik bei Husserl und Heidegger, Wien 1999b.

–: Die Mystik in den Weltreligionen. Spirituelle Wege und Übungsformen, Petersberg 2011.

–: Säkulare Mystik. Zum Aufbruch einer neuen Mystik außerhalb der etablierten Kirchen, in: Thomas Dienberg, Thomas Eggensberger, Ulrich Engel (Hg.): Säkulare Frömmigkeit. Theologische Beiträge zu Säkularisierung und Individualisierung, Münster 2013, S. 119-130.

–: Yoga-Philosophie-Atlas, Petersberg 2016[5].

Zekorn, Stefan: Gelassenheit und Einkehr, Würzburg 1993.

Anmerkungen

1 Rahner 1966, S. 22.

2 Siehe Eckard Wolz-Gottwald: Theologie und spirituelle Erfahrung. Zur Entwicklung spiritueller Theologie der Gegenwart, in: Theologie der Gegenwart (35,4), 1992, S. 280-293 oder Peter Lengsfeld (Hg.): Mystik - Spiritualität der Zukunft. Erfahrung des Ewigen, Freiburg. i.Br. u.a. 2005.

3 Siehe Eckard Wolz-Gottwald: Die Mystik in den Weltreligionen. Spirituelle Wege und Übungsformen, Petersberg 2011.

4 Die Umstände der Anklage Eckharts und des gegen ihn geführten Prozesses waren lange Zeit unklar, wurden jedoch von der Forschung inzwischen umfassend aufgearbeitet (siehe vor allem Trusen 1988 und Stirnimann/Imbach 1992). Die Dokumente zu seinem Prozess publizierte Loris Sturlese im fünften Band der Gesamtausgabe der Lateinischen Werke.

5 Eine Übersetzung der Bulle wurde von Josef Quint angefertigt: DPT, 449-455.

6 Schon der Freiburger Religionsphilosoph Bernhard Welte hatte keinen Zweifel daran gelassen, dass sich die Wahrheit in Eckhart als sie selber, unverhüllt, gezeigt habe (Welte 1979, S. 261). Heute scheinen

in dieser Weise pathetisch klingende Aussagen nicht mehr notwendig, da Meister Eckhart auch in der Theologie als allgemein anerkannt gilt.

7 DPT, 450.

8 Manche dieser Sätze sind zumindest in dem in der Bulle aufgeführten Wortlaut in den Werken Meister Eckharts nicht aufzufinden.

9 DPT, 452.

10 Ursprünglich hatte Meister Eckhart in den Reden der Unterweisung geschrieben: »Ja, wer recht in den Willen Gottes versetzt wäre, der sollte nicht wollen, dass die Sünde, in die er gefallen, nicht geschehen wäre.« (DW V, 233,4f.)

11 So die Dominikaner Heinrich Stirnimann und Ruedi Imbach, die die Verurteilungsbulle als großes Missverständnis ansahen, in der »lediglich einzelne Sätze aus Eckharts Werken, die dem Sprachmodus der damaligen Schultheologie nicht entsprachen und zu irrtümlichen Auslegungen Anlass geben konnten« zensuriert wurden. Eckhart wäre eigentlich gar nicht der Häresie oder Irrlehre bezichtigt worden (Stirnimann/Imbach 1992, S. 278).

12 So der Germanist Kurt Ruh, der gegen Stirnimann und Imbach in der Bulle eindeutig die »Denunzierung Eckharts als Irrlehrer« sah (Ruh 1996, S. 255).

13 DW II, 506, 1f.: »Wan als lange der mensche niht glîch enist dirre wârheit, als lange ensol er dise rede niht verstân.«

14 Siehe Rosenberg 1933.

15 Grün, Anselm und Dufner Meinrad.: Gesundheit als geistliche Aufgabe, Münsterschwarzach 1989 und Plattig, Michael: Unterscheidung der Geister, in: Institut für Spiritualität Münster (Hg.): Grundkurs Spiritualität, Stuttgart 2000, S. 228-247.

16 Um Missverständnisse abzuwehren, wird allerdings betont, dass »gesunde Spiritualität« nicht den Grad körperlicher Gesundheit meint, sondern Krankheit miteinschließt. Es sei gerade die Krankheit, die wesentlich zum spirituellen Reifungsprozess dazugehöre und sogar zum Ort echter und tiefer Gottesbegegnung und somit mystischer Erfahrung werden könne.

17 Eckard Wolz-Gottwald: Meister Eckhart oder Der Weg zur Gottesgeburt im Menschen. Eine Hinführung, Gladenbach 1985.

18 Zur genauen Darstellung des Endes der Bewegung christlicher Mystik im 17. Jahrhundert siehe Wolz-Gottwald 2011, S. 62-73.

19 Siehe Leuschner 1975, S. 94.

20 Siehe Grundmann 1935, S. 533.

21 Leuschner 1975, S. 33.

22 Stirnimann/Imbach 1992, S. 292.

23 Zum Wandel des Eckhart-Bildes im Laufe der Geschichte siehe insbesondere Degenhardt 1967.

24 Ebd. S. 112.

25 Baader 1857, S. 159.

26 Schopenhauer 1985, S. 28f.

27 Meister Eckhart: Deutsche Mystiker des 14. Jahrhunderts, Bd. II (Pf), hrsg. von Franz Pfeiffer, Leipzig 1857.

28 Heinrich Denifle: Meister Eckharts lateinische Schriften und die Grundanschauung seiner Lehre, in: Archiv für Kirchen- und Literaturgeschichte des Mittelalters, Bd. II, Freiburg (Br.) 1886, S. 417-615.

29 Ebd. S. 482.

30 Ebd. S. 503f.

31 Hermann Büttner: Meister Eckeharts Schriften und Predigten, 2 Bde., Jena 1903.

32 Ebd. S. XIV.

33 Rosenberg 1933, S. 218.

34 Siehe Jung 1960. S. 259-276.

35 Fromm 2010.

36 Heidegger 1992, S.181-182.

37 Bloch 1968, S. 93-95.

38 A. Daniels: Eine Lateinische Rechtfertigungsschrift Meister Eckharts, Münster 1923.

39 Siehe Karrer 1926.

40 Martin Grabmann, Neuaufgefundene Pariser Quästionen Meister Eckharts und ihre Stellung in seinem geistigen Entwicklungsgange, in: Abh. d. Bayer. Akad. d. Wissenschaften, 32. Bd., München 1927.

41 Siehe Weiß 1933, S. 467-524.

42 Siehe Winternitz 1908, S. 227.

43 Siehe Oldenberg 1915, S. 62-64.

44 Siehe Otto 1926.

45 Coomeraswamy 1956 (orig. 1934), S. 3.

46 Siehe Haas 1987 oder Largier 1989, S. 95-99.

47 Siehe Wolz-Gottwald 1984.

48 Siehe Flasch 1988b und Mojsisch 1983.

49 Siehe Steer 1998.

50 Siehe Vannier 2008, S. 300.

51 Witte 2008, S. 65.

52 Haas 1979, S. 25.

53 Mieth 1979, S. 39.

54 Welte 1980, S. 97 und 101f.

55 Angelus Silesius: Cherubinischer Wandersmann, hg. v. Louise Gnädinger. Stuttgart 1985, S. 69.

56 Heidegger 1957, S. 71.

57 Siehe Hühnerfeld 1950, S. 11 oder ders.: 1961, S. 125-127.

58 Flasch 1988a, S. 94-110 und Mojsisch 1983, S. 11-14.

59 DW V, 221, 2-4: »jubilus underwilen lazen ... durch ein minnewerk ze würkenne«.

60 LW III, 4,4-6: »intentio est auctoris, sicut et in omnibus suis editionibus, ea quae sacra asserit fides christiana et utriusque testamenti scriptura, exponere per rationes naturales philosophorum.«

61 DW II 467,7ff.: »Alles, das wir hie hoeren moegen, vnnd alles, das man vns gesagen mag, das hat alles eynen anderen, verborgenen synn darinn. Wann alles das, dass wir hie versteend, das ist alles als vngleich dem, als es in im selber ist, vnnd dem, das es in gott ist, als ob es nitt sey.«

62 DW I, 124,1: »alliu menschlîchiu kunst«.

63 DW I, 124,2: »übernatiurlîchiu kunst«.

64 LW I, 184,7: »proprietatem litterae«.

65 DW II, 473,5-8: »Ich han gesprochenn etwan me: die schal muz zerbrechen, vnnd muoz das, daß darinn ist, herauß kommenn; Wann, wiltu den kernen haben, so muostu di schalen brechen. Vmd also:

wiltu die natur bloß finden, so muessent die gleychnuß alle zerbrechenn, vnnd ye das es me darin trittet, ye es dem wesen naeher ist. So wenn das sy dass ein findet, da es alles eyn ist, da bleibet sy (in) dem einigen (ein).«

66 DW I, 420,7f.: »dar umbe ganc abe, swaz menschen an dir sî«.

67 Siehe DW V, 405,3-5 und 406,8f.

68 DW I, 135,4: »Man soll grunttôt sîn.«

69 DW II, 488,5f.: »... daz ist ein arm mensche, der niht enwil und niht enweiz und niht enhât.«

70 Siehe DW II, 494,6-495,1.

71 Siehe DW II, 502,4f.

72 DW V, 281,8-9: »Und ie mêr des unsern entwerden, ie mêr wir in disem gewaelîcher werden.«

73 DW V, II, 12: »in got aleine überbildet«.

74 DW II, 528,6f.: »daz man wider îngebildet werde in daz einvaltige guot, daz got ist«.

75 DW V, 293,4ff.: »niht daz diz nidern einez sî und daz erhoehen ein anderz; sunder diu hoehste hoehe der hôcheit liget in dem tiefen grunde der dêmüeticheit«.

76 Siehe DW V, 29,8-10.

77 DW V, 30,12: »glîchnisse ... mit einem«.

78 DW V, 32,11: »ein mit gote«.

79 Siehe hierzu vor allem: Werner Beierwaltes: Denken des Einen: Studien zur neuplatonischen Philosophie und ihrer Wirkungsgeschichte, Frankfurt a.M. 2016[2].

80 Neuausgabe: Die mystische Theologie, Amerang 2017

81 DW I, 113,7 »Got und ich, wir sint ein.«

82 LW II, 280,8f.: »per modos' unius eiusdemque rei simpliciter«.

83 LW II, 280,9-281,1

84 DW I, 69,8: »lûter niht«

85 DW V, 36,17ff.

86 Vgl. LW I, 156,11: »esse est deus«.

87 DW I, 370,2: »Diu sêle ist alliu dinc.«

88 DW I, 264,2f.: »Swer diu dinc laezet, als sie zuoval sint, der besitzet sie, dâ sie ein lûter wesen sint und êwic sint.«

89 DPT, 272,31ff.

90 DW III, 219,2f.: »Und dô er alliu dinc sach als niht, dô sach er got.«

91 Siehe LW I, 176,3-5.

92 LW I, 176,6f.: »Hoc autem dicentes non tollimus rebus esse nec esse rerum destruimus, sed statuimus.«

93 LW II, 52,13: »tum quia nunc impartibile stans ast aeternitas«.

94 DW I, 143,8ff.: »Nime ich aber nû, dez begrifet in im alle zît. Daz nû, dâ got die werlt inne machete, daz ist als nâhe dirre zît als daz nû, dâ ich iezuo inne spriche, und der jüngeste tac ist als nâhe disem nû als der tac, der gester was.«

95 DW I, 133,1ff.: »Der engel, dâ er sich kêrte ze der crêatûren bekennenne, dâ würde ez naht. Sant Augustînus sprichet: swenne die engel die crêatûren âne got bekennent, daz ist ein âbentlieht; aber swenne sie die crêatûren in gote bekennent, daz ist ein morgenlieht. Daz sie got bekennent, als er aleine in im selben wesen ist, daz ist der liehte mittac«.

Parallelstellen finden sich in DW II, 221,4-223,5 und DW V, 116,12-19. Hier erwähnt Eckhart allerdings nicht die Nacht- und Mittagserkenntnis.

96 DW I, 135,5: »Waz man bekennen sol, daz muoz man bekennen in sîner ursache.«

97 Siehe LW II, 352,9-13.

98 DW II, 502,6f.: »... wan mîn wesenlich wesen ist obe gote, alsô als wir got nemen begin der crêatûren ...«.

99 LW III, 11,14ff.: »...verbum, logos sive ratio rerum sic est in ipsis et se tota in singulis, quod nihil omnius est se tota extra singulum quodlibet ipsorum, tota intus, tota deforis.«

100 LW I, 196,4f.: »... quanto res est perfectior in esse et simplicior, tanto copiosior est secundum rationes et potentias.«

101 LW IV, 27,10ff.: »... sicut ipse est indistinctus in sui natura et tamen distinctissimus ab omnibus, sic in ipso sunt omnia distinctissime simul et indistincta ...Igitur sicut deus a leone indistinctus et distinctissimus, sic homo in deo a leone indistinctus at distinctissimus.«

102 LW II, 248,6ff.: »... qua optimum et totum est in parte, fructus in flore. Sic deus totus in qualibet creatura, in una sicut in omnibus.«

103 LW I, 173,14ff.: »... necesse est, ut se toto immediate toti assit singulo, quod non parti post partem nec parti per partem ...«.

104 DW II, 341,9: »îngeslozzen«; »vereiniget«.

105 DW I, 401,6: »geeinet«; »ein«.

106 DW I, 401,7ff.: »Swaz ein ist, dâ ist al ander abegeleget; mêr doch daz selbe, daz dâ abegeleget ist, daz selbe daz ist zuogeleget, in dem daz ez andert. Und enist er noch güete noch wesen noch wârheit noch ein, waz ist er denne? Er ist nihtes niht, er enist weder diz noch daz.«

107 DW III, 382,6f.: »... got ist überwesenlich und überlobelich und überredelich und überverstehentlich ...«

108 DW II, 204,4f.: »Dar umbe ist ez vil mê: swîgen von gote dan sprechen.« So auch DW II, 571,13f. oder DW III, 442,4f.

109 Siehe DW I, 146,4-6.

110 DPT, 273,29-31 u. Pf, 181,19-20: »Swer diese predie hât verstanden, dem gan ichz wol. Wêre hie nieman gewesen, ich müeste sie diesem stocke geprediet hân.«

111 DW II, 319,6f.: »Got ist alle zît würkende in einem nû in êwicheit, und sîn würken ist: sînen sun gebern; den gebirt er alle zît.«

112 DW I, 39,1ff.: »Ich hân underwîlen gesprochen, ez sî ein kraft in dem geiste, diu sî aleine vrî. Underwîlen hân ich gesprochen, ez sî ein huote des geistes; underwîlen hân ich gesprochen, ez sî ein lieht des geistes; underwîlen hân ich gesprochen, ez sî ein vünklin. Ich sprîche aber nû: ez enist weder diz noch daz; nochdenne ist ez ein waz, daz ist hoeher boben diz und daz dan der himel ob der erde. Dar umbe nenne ich ez nû in einer edelerr wîse dan ich ez ie genante, und ez lougent der edelkeit und der wîse und ist dar enboben. Ez ist von allen namen vrî und von allen formen blôz, ledic und vrî zemâle, als got ledic und vrî ist in im selber. Ez ist sô gar ein und einvaltic, als got ein und einvaltic ist, daz man mit dekeiner wiese dar zuo geluogen mac.«

113 DW I, 40,4ff.: »Diu selbe kraft, dar abe ich gesprochen hân, dâ got inne ist blüejende und grüenende mit aller sîner gotheit und der geist in gote, in dirre selber kraft ist der vater gebernde sînen eingebornen sun als gewaerlîche als in im selber, wan er waerlîche lebet in dirre kraft, und der geist gebirt mit dem vater den selben eingebornen sun

und sich selber den selben sun und ist der selbe sun in disem liehte und ist diu wârheit.«

114 DW I, 239,4ff.: » nochtant in genoeget den edelen oitmoedegen mynschen da myt neit, dat hey der eynege geboren sun is, den der vader ewenclichen geboren hait, hey in wylt och vader syn inde treden in de selue gelicheit der eweger vaderschafft inde geberen den, van dem ich (ewen) Ewenclichen geboren byn«.

115 DW I, 167,1f.: »Wie vil der süne ist, die diu sêle gebirt in êwicheit, sô ist ir, wan ez geschihet über zît in dem tage der êwicheit.«

116 LW I, 190,11f.: »Simul enim et semel quo deus fuit, quo filium sibi coaeternum per omnia coaequalem deum genuit, etiam mundum creavit.«

117 DW II, 262,4ff.: »Dar umbe: der mensche, der über zît erhaben ist in êwicheit, der würket mit gote, daz got vor tûsent und nâch tûsent jâren geworht hât.«

118 DW I, 16,3ff.: »Dâ er sprichet daz wort, dâ sprichet er sich und alliu dinc in einer andern persône und gibet im die selbe natûre, die er selber hât, und sprichet alle vernünftige geiste in dem selben worte glîch dem selben worte nâch dem bilde, als ez inneblîbende ist, nâch dem, sô ez ûzliuhtende ist, als ein ieglich bî im selber ist, niht glîch in aller wîse dem selben worte.«

119 DW I, 69,8ff.; »Alle crêatûren sint ein lûther niht. Ich spriche niht, daz sie kleine sîn oder iht sîn: sie sint ein lûter niht.«

120 DW I, 363,5f.: »Alle crêatûren hânt ein versagen an in selben; einiu versaget, daz si diu ander niht ensî.«

121 LW I, 165,1ff.: »Rursus etiam quia finis ibi est principium, semper perfectum incipit et natum nascitur. Sic ergo deus creavit omnia, quia creare non desiit, sed semper creat at creare incipit.«

122 DW I, 105,4f.: »Ez enist kein dinc sô liep noch sô begirlich als leben under allen dingen.«

123 DW I, 92,2f.: »Wan leben lebet ûzer sînem eigenen grunde und quillet ûzer sînem eigen, dar umbe lebet ez âne warumbe in dem, daz ez sich selber lebet.«

124 DW I, 136,11ff.: »Dar an liget der sêle lûterkeit, daz si geliutert ist von einem lebene, daz geteilet ist, und tritet in ein leben, daz vereinet ist.«

125 DW I, 106, ff.: »Waz ist leben? Gotes Wesen ist mîn leben.«

126 DW V, 202,1: »... alliu des menschen werk diu würket got lûterlîchen.«

127 DW V 291,11: »daz man ein mitewürken haete mit gote«.

128 DW V 21,4: »mit gotes willen ein und geeiniget sîn«.

129 DW II, 275,2: »ein würken«.

130 DW III, 195,2ff.: »... alsô gar ein, daz ich mit im würke und niht alsô mit im würke, dat ich würke und er nâch schürge, mêr: ich würke da mite, dat mîn ist ...«

131 DW II, 78,3ff.: »Und der geist enmac niht anders wellen, dan daz got wil, und daz enist niht sîn unvrîheit, ez ist sîn eigen vrîheit.«

132 DW II, 201,16f.: »Der wille ist sô vrî und so edel, daz er von keinen lîplîchen dingen ennimet, sunder von sîner eigener vrîheit würket er sîn werk.«

133 DW I, 80,23ff.: »Wir mugen und müssen uss unserm aigen wurken uon innan. Sullen wir denn leben in im oder durch in, so sol er unser aigen sin und sullen wir uss unserm aigen wurken.«

134 DW I, 90,8f.: »Hie lebe ich ûzer mînem eigen, als got lebet ûzer sînem eigen.«

135 DW V, 29,5f.: »Und bewîsent die meister, daz der einunge und dem durchvluzze und der wunne sich niht glîchen enmac an lust und an wunne.«

136 DW V, 413,1ff.: »... und diu glîcheit muoz beschehen in gnâden, wan diu gnâde ziuhet den menschen von allen zîtlîchen dingen und liutert in von allen zergenclîchen dingen«.

137 LW IV, 198,11f: »quia gratuita sunt, ipsa non meremur«.

138 DW I, 253,6ff.: »So man dich ie me suchet, so man dich ie minder vindet. Du solt in suchen, also das du in niena vindest. Suchest du in nit, so vindest du in.«

139 DW I, 162,13f.: »... aber mit üebunge und mit abelegunge mügen sie empfenclich werden.«

140 DPT, 436,9ff.

141 DW VI 403,4f.: »Dâ von muoz got von nôt sich selber geben einem abegescheidenen herzen.«

142 DW V, 209,1ff.: »... mêr: eine blôzheit neme in allen dingen und der dinge zemâle ledic blîbe. Dâ muoz ze dem êrsten ein anegedenken und ein merklich înerbilden zuo gehoeren, als dem schuoler ze der kunst.«

143 Siehe LW I, 148,13-149,2.

144 LW I, 190,7 und 190,9f.: »Non fuerat prius, antequam esset mundus ... Non enim imaginandum est falso, quasi deus steterit expectans nunc aliquod temporis futurum in quo crearet mundum.« Dass solche Aussagen trotz der Erklärung nicht immer verstanden wurden, zeigt die Veruteilungsbulle, siehe hier insbesondere Artikel 1, DPT, 450.

145 DPT, 450.

146 Ebd., 453.

147 Ebd., 451.

148 Weiß 1980, S. 119.

149 DW I, 148.5-7: »Got enist guot noch bezzer noch allerbeste. Wer dâ spraeche, daz got guot waere, der taete im als unrehte, als ob er die sunnen swarz hieze.«

150 DW II, 502.6: «Her umbe so bite ich got, daz er mich ledic mache gotes.«

151 DPT, 273,28.

152 DW V, 205, 5-7: »Der mensche ensol nicht haben noch im lâzen genüegen mit einem gedâhten gote, wan, swenne der gedank vergât, sô vergât ouch der got.«

153 Ebd. 205, 7-9: »Mêr: man sol haben einen gewesenden got, der verre ist obe den gedenken des menschen und aller crêatûre.«

154 LW IV, 200,8: »passionum evictio«.

155 Ebd. 200,11: »fidei nuda receptio«.

156 Ebd. 201,1: »caritas, scilicet dei et proximi dilectio«.

157 Ebd. 201,6: »speciosa conversatio«.

158 Ebd. 201,10f.: »bonorum operum continua multiplicatio«.

159 Ebd. 201,13: »divinorum studiosa contemplatio«.

160 Ebd. 201,14f.: »constans in omnibus oboedientiae perduratio«. Vgl. auch DW V, 187,3-6.

161 DW V, 252,13: »... noch alle menschen enmügen niht einem wege gevolgen.«

162 Muschg, 1935, S. 197.

163 Ebd. S. 197/98.

164 Ebd. S. 198.

165 Ebd. S. 193/94.

166 DPT, 438,4-5 u. 20-24.

167 DW V, 257,4f.: »Und dar umbe mit allem rehte und urteile mügen die wol ezzen, die als reht und bereit waeren ze dem vastenne.«

168 DW V, 247,7f.: »Wan im enist niht vil umbe unsriu werk, sunder aleine umbe unser gemüete in allen unsern werken.«

169 Über die Eucharistie siehe DW, V, 273,5-274,7.
Über die Beichte siehe DW, V, 274,9-275,9.

170 DW, I, 28,9: »ûzerlicher üebunge und kestigunge«.

171 DW III, 485,10-11: »sô man sich mit redelîcher bescheidenheit üebet von innen«.

172 Haas 1979, S. 25.

173 DW III, 151,8ff.: »Nieman ensol denken, daz ez swaere sî, her zuo ze komenne, aleine daz ez swaere und grôz lûtet. Daz ist wol wâr, daz ez in dem beginne etwaz swaere ist in dem abescheidenne. Mêr: als man dar în kumet, so enwart nie einic leben lîther noch lustlîcher noch minniclîcher.« Vgl. DW V, 209, 7-9; DW II, 611,5-7; LW IV, 69,11-70,7; LW III, 203,6-205,9.

174 DW III, 19,2f.: »Vastennes und betennes und aller kestigunge enahtet noch enbedarf got zemâle niht wider der ruowe.«

175 Siehe DW I, 317,3-5 und DW, I, 15,7-9.

176 Die Beschreibung des nächtlichen Schweigens bei den Dominikanerinnen jener Zeit ist uns insbesondere von Johannes Tauler überliefert: »Das ist, ihr meine Lieben, die wesentliche Kehre. Für sie ist die Stille der Nacht von besonderem Nutzen und großer Förderung. Wenn dann der Mensch vor der (Mitternachts)-Mette einen guten Schlaf getan hat, soll er sich sachte all seiner Sinne und sinnlichen Kräfte entziehen und nach der Mette sich mit aller Kraft ganz in sich versenken und sich emporschwingen über all seine Kräfte, über alle Bilder und Formen hinaus.« Johannes Tauler: Die Predigten Taulers, hg. v. Ferdinand Vetter, Berlin 1910, S. 159-160.

177 Siehe hierzu Philippe 1948, S. 427-440 und Zekorn 1993, S. 218-224.

178 DPT, 420,24ff.

179 DW I, 312,8f.: »... alle stimme und alle lûte die müezen abe und muoz ein lûter stilnisse dâ sîn, ein stilleswîgen.«

180 DW III, 240,3ff.: »Swer gotes lêre enpfâhen wil, der muoz sich samenen und insliezen in sich selber und sich kêren von allen sorgen und kumbernissen und von dem gewerbe niderr dinge.« Vgl. auch DW III, 396, 16-397,1 und DPT, 415,29-34.

181 DW V, 265,6-7: »... daz alle zerströute sinne des menschen und gemüete diu werdent hier inne gesament und geeiniget«. Vgl. auch DW I, 136,7-10.

182 DW I, 351,8f.: »Je mê sich diu sêle hât gesament, ie enger si ist, und ie enger si ist, ie wîter si ist.«

183 DW I, 170,1: »... nieman enmac mîn wort hoeren noch mîne lêre, er enhabe denne sich selben gelâzen« (Luk 9,23).

184 DW V, 194,3f.: »Er sol sich selber lâzen ze dem êrsten, sô hât er alliu dinc gelâzen.«

185 DW I, 203,3f.: »... niemermê gesihet einen ougenblik ûf daz, daz er gelâzen hât«.

186 DW III, 284,1-3: »Meinest aber du das, dass dir werden sol, vnd hast ein sehen daruff, so wirt dir nichts.«

187 DW V, 211, 6ff.: »Wan, dem reht soll sîn, dem muoz ie under zwein dingen einez geschehen: eintweder er sol got nemen und lernen haben in den werken, oder er sot alliu werk lâzen. Wan nû der mensche niht in disem lebene mac gesîn âne werk, diu, menschlich sint, der vil ist, dar umbe sô lerne der mensche sînen got haben in allen dingen und ungehindert blîben in allen werken und steten.«

188 DW III, 145,1ff.: »Daz ein mensche ein ruowic leben habe, daz ist guot; mêr: daz ein mensche ein pînlich leben habe mit gedult, daz ist bezzer; mêr: daz man denne ruowe habe in dem pînlîchen lebene, daz ist beste.«

Vgl. auch LW II, 154,6f. Die Einheit von Ruhe und Handeln ist insbesondere in der Person der Martha in Predigt 86 (DW III, 481 ff.) ausführlich dargestellt.

189 DW III, 397,6f.: »Der mensche lerne ze dem êrsten, daz sîn herze staete werde, sô wirt er staete an allen sînen werken.«

190 DW V, 203,3ff.: »Merke, wie dû dinen got meintest, sô dû bist in der kirchen oder in der zellen: daz selbe gemüete behalt und trac daz under die menige und in die unruowe und in die unglîcheit.«

191 DW V, 275,10: »in den werken ledic«.

192 DW II, 530,5ff.: »Alle vernünftigen crêatûren an irn werken, sô sie mê gânt ûz in selben, sô sie mê gânt in sich selben. Des enist an lîplîchen crêatûren niht: sô sie mê würkent, sô sie mê gânt ûz in selben.«

193 DW I, 225,8ff.: »Ein ieklich creature nach der edelkeit ir nature, so si me insiczet in sich selber, so si sich me vs butet.«

194 Siehe DW I, 225,10-15.

195 DW II, 200,10f.: »Je daz dinc kleinlîcher ist, je ez kreftiger ist ...«

196 Siehe DW V, 39.

197 DW V, 39,8-9: »wellen und neigen ze allem guoten«.

198 DW V, 41,3: »... ez nimet den sun und wirt sun geborn in des himelschen vaters schôze.«

199 DW V, 38,6-7.

200 DW V, 207,8-9: »Er muoz lernen diu dinc durchbrechen und sînen got dar inne nehmen und den krefticlîche in sich künnen erbilden in einer wesenlichen wîse.«

201 DW V, 201,5ff.: »Wer aber got rehte in der wârheit hât, der hât in in allen steten und in der strâze und bî allen liuten als wol als in der kirchen oder in der einoede oder in der zellen.«

202 DW V, 277,1ff.: »Aber diu ûzerlicheit der bilde ensint den geüebeten menschen niht ûzerlich, wan alliu dinc sint den inwendigen menschen ein inwendigiu götlîchiu wîse.«

203 DW II, 33,6f.: »... der mensche ist in der wârheit sun, der dâ alliu sîniu werk würket von minnen.«

204 DW V, 221,5ff.: »... waere der mensche alsô in einem înzucke, als sant Paulus was, und weste einen siechen menschen, der eines suppelîns von im bedörfte, ich ahtete verre bezzer, daz dû liezest von minne von dem und dientest dem dürftigen in mêrer minne.«

205 DW III, 90,4ff.: »... ich wil üch sagen, wie ich der läute gedenck: ich fleiß mich des, das ich mein selbs vnd aller menschen vergesse, vnd füge mich für sy in ainichait.« Vgl. auch DW, II, 43,5-44,1.

206 DW II, 59,7: »kein warumbe«.

207 LW IV, 340,10f.: »... oculus non plus sibi videt quam pedi, sed sibi et singulis partibus aequaliter.«

208 DW I, 107,10ff.: »Ir eigen êre, ir nuz und swaz ir ist, des ensol si niht mêr begern noch ahten dan eines vremden.«

209 Siehe DW V, 207,1209,4.

210 LW III, 204,8: »qui autem amat, non laborat«.

211 DW II, 602,4ff.; »Hân ich die liebe, daz ich über mer wil, und haete ich gerne ein schif, ez waere aleine, daz ich gerne über mer waere; und als ich über mer kume, sô en bedarf ich des schiffes niht.«

212 DW I, 104,2ff.: »Mac sie ein dinc vröuwen und ein anderz betrüeben, sô ensint sie niht gereth, mêr: sint sie ze einer zit vrô, sô sint sie ze allen zîten vrô; sint sie ze einer zit mär vrô und ze der andern minner, sô ist in unreht.«

213 DW III, 490,16f.: »Dâ von spriche ich, daz heilige nie enwart noch niemer erkriegen enmac, pîne entuo im wê und liep entuo im wol.«

214 DW III, 214,4ff.: »Swer noch ûfgânde und zuonemende ist an gnâden und an liehte, der ankam noch nie in got. Got enist niht ein zuonemende lieht: man muoz mit dem zuonemenne dar sîn komen.«

215 DW II, 289,10f.: »Aber an geistlîchen dingen enist kein sete; wan ie mê man ir hât, ie mê man ir gelüstet.«

216 DW II, 293,8ff.: »... als vil als wir an nihte ûzluogen, als vil werden wir überbildet in dem sune, und als vil wirt der sun in uns geborn.«

217 LW II, 298,3f.: »Debet ergo qui docet sive elucidat intus lucere vivendo.«

218 Eckhart selbst betont die Überlegenheit des »Lebemeisters« gegenüber dem »Lesemeister« (siehe Pf, 599,19f.). Die Unterscheidung zwischen Lesemeister und Lebemeister wurde dann jedoch vor allem durch Johannes Tauler populär (siehe Johannes Tauler 1910, 196,28-30).

219 Siehe hierzu insbesondere die Unterscheidung zwischen *vernúnftiger worheit* und der *lebenden worheit* bei Johannes Tauler, a.a.O., 200,10-11.

220 DW V, 43,22ff.: »Dar umbe, sô der mensche minnet in selben und alliu dinc und würket alliu sîniu werk niht umbe lôn, umbe êre oder umbe gemach dan durch got und gotes êre aleine, daz ist ein zeichen, daz er gotes sun ist.«

221 DW V, 219,4ff.: »Des wesens der minne stat ist aleine in dem willen; wer mêr willen hât, der hât ouch der minne mêr. Aber, wer des mêr habe, daz enweiz nieman von dem andern, daz liget verborgen in der sêle, die wile got verborgen liget in dem grunde der sêle.«

222 Bihlmeyer 1907, S. 63.

223 Vetter 1906, S. 4,8-12.

224 Muschg 1935, S. 193: »Was ir ze disen drin malen beschah, daz seit sie mir und dizez waz von als gar so hohen und unbegriffenlichen dingen, daz ich sin wenig verstund, und ist daz an minen gebresten, daz ich leider des liehtes nit enhab in dem ir daz ze verstând und ze empfinden und ze nießend ward gegeben.«

225 Spamer 1912, S. 143-145 und S. 152-154; DPT, 443-448.

226 DPT, 443.

227 Fischer 1974, S. 56.

228 Bracken 1972, S. 93

229 Mieth 1979, S. 18.

230 Welte 1980, S. 97 und 101f.

231 Quint 1953, S. 76.

232 Waldschütz 1978, S. 316.

»Der Christ der Zukunft wird Mystiker sein – oder er wird nicht mehr sein.«

Karl Rahner

Carl Albrecht
DAS MYSTISCHE WORT
Erleben und Sprechen in Versunkenheit

Carl Albrecht war Arzt, als er erstmals mit den Entspannungsübungen des Autogenen Trainings in Kontakt kam. Dies stellte den Anfang seines »Weges nach innen« dar. Er begann, eine eigene Versenkungstechnik zu entwickeln, die ihn allmählich zu einem tiefgreifenden mystischen Erleben führte.

Als Mensch des 20. Jahrhunderts, wissenschaftlich geschult in rationalem Denken, stellten ihn seine inneren Erfahrungen vor eine immense Herausforderung: Es galt, das innerlich Geschaute mit dem klaren Licht des Verstandes zu versöhnen. Albrecht nahm diese Herausforderung an – und meisterte sie.

Dieses Buch ist ein entscheidender Baustein für ein spirituelles Erleben aus einem aufgeklärten Bewusstsein heraus. Es zeigt Wege, die ein mystisches Erkennen aus einer über-rationalen Klarheit ermöglichen.

Ein maßgeblicher Beitrag, um das so weitsichtige Wort Karl Rahners zu bestätigen: »Der Christ der Zukunft wird Mystiker sein – oder er wird nicht mehr sein.« ISBN: 978-3-86191-090-9

Dionysius Areopagita

DIE ENGEL-HIERARCHIE

Der Ursprung der christlichen Engel-Lehre

Vor rund fünfzehnhundert Jahren verfasst, zählt dieses Werk der geheimnisvollen Gestalt des ›Dionysius Areopagita‹ zu den entscheidenden Quellenschriften der abendländischen Spiritualität. Da sein Verfasser jahrhundertelang für den Paulus-Schüler Dionysius aus Athen gehalten wurde, besaßen seine Lehren nahezu kanonischen Charakter. Dies erklärt seine Wirkmächtigkeit durch die Zeiten. Die gesamte abendländische Kunst, bis hin zum „Engel-Boom" der Gegenwart, wäre nicht denkbar ohne seine Ausführungen über die Engel. Die christliche Theologie schöpfte ebenso aus ihm wie Rudolf Steiner. Bis zum heutigen Tag ist sein Wissen über Engel und Erzengel, über Cherubim und Seraphim einzigartig und zeitlos. Der Grundstein, um das wundervolle Wirken der Engel und die Majestät der himmlischen Heerscharen zu verstehen! ISBN: 978-3-86191-270-5

Dionysius Areopagita

MYSTISCHE THEOLOGIE

›Mystische Theologie‹ verband nicht nur die griechische, speziell die neuplatonische Philosophie mit der Lehre der Kirchenväter, sondern schuf ein eigenes, bis in die Gegenwart nachwirkendes Lehrsystem: Die Negative Theologie.

Indem Dionysius aufzeigte, was man über Gott »nicht wissen konnte«, steckte er einen Rahmen ab, den die christliche Mystik in den folgenden Jahrhunderten als weitgehend verbindlich anerkannte.

Ein Meisterwerk abendländischer Spiritualität, dessen Bedeutung man gar nicht hoch genug ansetzen kann! ISBN: 978-3-86191-089-3